Heinrich Teutschmann
Der Gral – Weisheit und Liebe

Heinrich Teutschmann

Der Gral

Weisheit und Liebe

Philosophisch-Anthroposophischer
Verlag am Goetheanum

Dornach/Schweiz

Diese Ausgabe vereinigt die früher als «Studienmaterial der
Freien Hochschule für Geisteswissenschaft Goetheanum»
erschienenen, stark überarbeiteten Hefte
«Trevrizent – Weisheit und Liebe des Grals»,
3. Aufl. Dornach 1976, und
«Siebenhundert Jahre Gralsdichtung»,
2. Aufl. Dornach 1976.

Einbandgestaltung unter Verwendung eines Farbholzschnittes von
Irma von Duczinska (Gralszyklus 1926)

Gesamtherstellung: Zobrist & Hof AG, CH-4410 Liestal
ISBN 3-7235-0369-1

Übersicht

Ausführliches Inhaltsverzeichnis

Weisheit

Einführung

Joseph von Arimathia (Robert de Boron)

10. Die Begründung der Gralstafel durch Joseph von Arimathia. Die Scheidung der Gemeinschaft in Verworfene und Begnadete. Die Bewertung der Schuld als Mittel zum Fortschritt.
11. Der Ursprung der Frage nach Wesen und Namen des Grals. Die intellektuelle Entwicklung.
12. Der in der Erinnerung an Judas Ischariot an der Gralstafel leer gelassene Platz. Moses scheitert am ungelösten Problem der Prädestination, aber Parcival (in der Schreibweise Albert Steffens) wird es lösen.
13. Das Schicksal des Petrus, der sich wieder als der Gralslehrer Trevrizent einfindet. Der Schwellenübergang Josephs von Arimathia läßt Gralswirkungen aus der Präexistenz in die kommende Menschheit einfließen: Alain.
14. Boron und die Postexistenz des Christentums.

Perceval (Chrestien de Troyes)

15. Percevals Schauplatz ist ebenso das Reich des Lebendigen wie derjenige Josephs von Arimathia das Reich des Physischen war. Der Prolog von Chrestien de Troyes. Der Auszug Percevals als das Betreten eines Erkenntnisweges im Zeichen der Jungfrau mit der Ähre.
16. Percevals Weg zum Gral – gekennzeichnet durch vier Jungfrauenbegegnungen.
17. Die vier «Türme» (Schlösser, Burgen), die sich zuletzt in der Imagination der Gralsburg verdichten.
18. Percevals Schicksalsbegegnung mit dem Burgherrn im Zeichen der Fische.
19. Die blutende Lanze und die Begegnung mit der wehklagenden Jungfrau.
20. Die unterlassene und neugestellte Gralsfrage und die Jungfrau in Tiergestalt.

Liebe

Trevrizent (Wolfram von Eschenbach)

Planung

21. Der Begriff des Grals und seine Verbindung mit Parzival.
22. Der Aufgang des Grals innerhalb der Gralsgemeinschaft. Eine allmenschliche Ökumene, auf dem Geheimnis von Schlafen und Wachen beruhend. Spiegelung der im Schlafen und Wachen verbrachten Stundenzahl im Verhältnis 8:16:24. Die Hüter an der Schlafesschwelle. Die Heiligung des Leibes, der erste – in der Imagination zum Ausdruck gelangte – Gralsgedanke.
23. Das Geschichtlich-Werden der Gralsströmung durch die Impulse von seiten der großen Toten. Gehorsam der Lebenden. Das Epitaphium in der Doppelbedeutung von Grab- und Gralschrift. Die Durchchristung der weltgeschichtlichen Entwicklung: der zweite, der inspirierte Gralsgedanke.
24. Das Ertönen-Lassen des Rufes nach dem Heiligen Gral, eine Erziehung des Menschengeschlechtes: das Wirken aus dem Aufwache-Impuls heraus ist die dritte Wirkensseite des Grals. Die Gralsgemeinschaft wendet sich vermittels des Wortes der Gralsverkündiger – zum Beispiel Wolframs von Eschenbach – an die keimenden Kräfte der Bewußtseinsseele. Freiheit und Initiative des Fragenden. Darin waltet moralische Intuition. – Gruppengeist und Individualgeist.
25. Der Gralslehrer mitten in dem hochgeistigen Spannungsfelde zwischen Nachtgeist und Taggeist. Michaelischer Gral. Die das Denken zum Erlebnis bringenden Bilder des Grales, wie Trevrizent sie lehrt, und ihre auf das geistige Leben des Schülers, der sich ihnen hingibt, abgestimmten Rhythmen.
26. Der Charakter des Wortes im Bewußtseinszeitalter und das Schuldigwerden im Worte, das die Wiedergutmachung als moralische Forderung nach sich zieht. Die moralische Beurteilung der Persönlichkeit in den Gralsweg einbezogen. Bedeutung der Kundrie und des moralischen Geschöpfes (Feirefis).
27. Der chaotische Schwellenübergang der gegenwärtigen Menschheit, repräsentiert in Anfortas. Charakterisie-

rung des Anfortas als eines in der Gralsströmung Versagenden und Deutung seines Sterbeversuches. Er ist der Todesschläfer im Sinne des Paulus. Die Herzenssprache Parzivals.

28. Die Bedeutung der Sigune mit dem toten Bräutigam für die innere Erweckung Parzivals. Seine Erziehung zu einem fromm-spirituellen Fühlen bereitet ihn dazu vor, das heilende Wort mit kultischer Kraft auszusprechen.

29. Aus dem zur Erfüllung gelangten Individualimpuls wird eine neue Gemeinschaft entstehen: Die Taufe im Gralstempel der Zukunft. Grundriß des Gralstempels nach der Vortragsskizze Rudolf Steiners. Spiegelung von dessen Maßen in der Parzival-Dichtung Wolframs, wobei die drei Führergestalten Sigune, Trevrizent und Kundrie den drei Toren des Gralstempels zuzuordnen sind.

Gestalten

Gahmuret

30. Eine zeitgemäße Erscheinung: Der unbewußte Gralssucher Gahmuret im Gegensatz zu Parzival.

31. Die Frage nach dem Recht, nach dem Gahmuret leben soll.

32. Die den Leib Gahmurets wie zwei Doppelgängernaturen umgeisternden Aufbau- und Abbaugestalten. Zunächst, zur Abbaugestalt gehörig, die auf den innermenschlichen Zerstörungsherd (vgl. Kap. 26) deutenden Imaginationen von Speer und Blut. Das Hereinragen des Speermotives und der Totenklage in Parzivals Leben. Das Verhängnis des westlichen Menschen: Der Adamas, ein unzulänglich gewordener Mysterienschutz gegen den Zerstörungsherd. Sonnen- und Mondimpulse im Kampf um Gahmurets Wesenheit.

33. Die an Gahmuret vermöge seiner unbewußten Gralszugehörigkeit erreichte Heiligung des Leibes. Das Lamm. Die Musik, die grüne Farbe, seine soziale Baukünstlerschaft, seine verschwiegene Begegnung mit Trevrizent, sein Grab.

34. Die Vesperstimmung in Gahmurets Leben als Ausdruck einer Vorläuferschaft. Alle drei Führer zum Gral knüpfen an Gahmuret an.

Parzival

35. Wesen der mittelhochdeutschen Sprache. Wolframs Dichtkunst der Natur Parzivals kongenial.

36. Die Namennennung Parzivals durch Sigune – ein Lautgeheimnis.

37. Die Muse Homers und die Aventüre Wolframs. Sein erwartungsvolles Entgegenleben der Gnade im Einklang mit der Mystik eines Bernhard von Clairvaux.
38. Das Osterereignis im Leben Parzivals.
39. Sieben Personen im IX. Buch «Parzival». Der Ort der Karfreitags-Belehrung, Fontane Salvaesche. Fünf Jahre im Leben Parzivals (siehe auch Kap. 28). Das Beruhigende, ins Gedankenvolle Leitende Trevrizents, vom Dichter unterstützt durch den Gebrauch des Trochäus. Der Gral – ein in den Niedergängen von Kosmos und Mensch auf die Erde herab gelangtes Geschenk der göttlichen Liebe – stufenweise und zuletzt in Gedanken innerlich erfaßbar.

Wissenschaft vom Gral

40. Das Karfreitags-Gespräch in Fontane Salvaesche urbildlich für das Einfließen der «Wissenschaft vom Gral» in die Menschheitsentwicklung. Die ersten sieben Gralsbilder. Sternenerlebnisse der nachtschlafenden Seele, welche die Lebenskräfte impulsieren, in ihrer Nachwirkung in den persönlichen Verstandes- und Gefühlskräften «Brot»: Das Saturn-, Jupiter-, Mars- und Sonnenwort: Phönix, Lebenerhaltung, Taube und Oblate.
41. Venus-, Merkur- und Mondenwort und die Zusammenfassung aller sieben Bilder in der Gralsspeise.
42. Versagen Parzivals in Wechselwirkung mit dem Leiden des Anfortas. Die «drei Sünden» Parzivals.
43. Das Aufsichnehmen fremder Schuld und die Mitverantwortung des Einzelnen für die Gemeinschaft.
44. Die sieben Heilungsversuche an Anfortas und die Gründe, warum sie Parzival bekannt gegeben werden. Sie verhalten sich zur ersten Bilderreihe wie «Blut» zu «Brot».
45. Ihre Rätselbilder als Läuterungsübungen, Heilungsübungen und Übungen zur Erlangung der Erkenntnisse höherer Welten. Diagnose des siechen Anfortas.
46. Die ersten vier Heilbilder: Antidot gegen Schlangengift, Paradiesesströme, Reis der Sibylle (Vergil), der Pelikan. Ihre Beziehung zur Christologie. Das Speergeheimnis: Der verwundende Speer als Mittel zu Fortschritt und Freiheit (Longinus).
47. Das von der Gegenwart Christi durchdrungene Wort bannt das Böse. Die letzten drei Heilbilder: Einhorn, Sternenbaum, Parzivalverheißung.
48. Hinweis auf «Die Geheimwissenschaft im Umriß».

Titurel (Albrecht von Scharfenberg)

Vorwort

Aus einer Überarbeitung der früheren Publikationen «Trevrizent»[1] und «Siebenhundert Jahre Gralsdichtung»[2] entstand die neue Gestalt dieses Buches. Dasselbe erfreut sich einer Ergänzung in dem nunmehr auch vorliegenden Übertragungsversuch aus dem Jüngeren Titurel: «Sigune und Schionatulander – Ein Minnegespräch».[3] Man kann darin einzelne der hier angezogenen Dichterstellen aufschlagen und im Wortlaut nachlesen, um sich auch dieser durch längere Zeit fast vergessenen Dichtung zu nähern.

Für das Eindringen in die Texte der Gralsdichter Robert de Boron[4] und Chrestien de Troyes wurden die Übertragungen aus dem Altfranzösischen von Konrad Sandkühler mit Dankbarkeit benutzt[5]; für Wolfram von Eschenbach die Versübertragung aus dem Mittelhochdeutschen von Karl Simrock[6], aber auch das Original in der Ausgabe von Karl Lachmann, Berlin 1930. Auch die Prosaübertragung von Wilhelm Stapel[7] wurde stellenweise herangezogen; sie ist im Text mit *W. St.* gekennzeichnet. Wer bei Wolfram nachschlagen möchte, findet z. B. zitiert: *P* (Parzival) *IX* (Buch) *481, 1* (sogenannter Dreißiger, Zusammenfassung von je dreißig Verszeilen, und Vers). Wegen der wünschenswerten Unmittelbarkeit des Eindruckes wurde die mittelhochdeutsche Sprache vielfach hereingenommen. Dasselbe gilt für den «Jüngeren Titurel» *(JT)* des Albrecht von Scharfenberg («Jünger», weil das Titurel-Fragment Wolframs von Eschenbach die ältere Vorlage bildet). Da wurde zumeist zitiert nach der kritischen Ausgabe von Werner Wolf und desselben Herausgebers Auswahlausgabe.[8] Dabei gibt es zwei voneinander abweichende Strophenzählungen, diejenige nach Werner Wolf (im Text gekennzeichnet mit *W*), und die nach der ersten Ausgabe 1842 von Hahn (im Text gekennzeichnet mit *H*).

Die Form, wie fortlaufend auf das Werk Rudolf Steiners, namentlich auf das Vortragswerk, hingeblickt wird, wird erkennen lassen, wie das Studium verlaufen ist. Mit Absicht wurde die ursprüngliche Sorgfalt, die Vortragsdaten (Jahr und Tag) in den

Text mit hereinzunehmen, auch weiterhin beibehalten, weil diese Daten für sich sprechen können. Dem studienbeflissenen Leser, dem der Verfasser besonders entgegenkommen möchte, werden viele solche Daten die Tatsache an das Licht rücken, daß sie aus den Jahren 1919 bis 1922 stammen, einer Zeitperiode in Rudolf Steiners Wirken, in dem er sich besonders um die sozialen und praktischen Aufgaben kümmerte. Die angeführten Einblicke in das Wesen des Grals werden sein Wort vom 17. April 1921 befestigen können: «Hingefunden werden muß durch die Arbeit am Inneren der Menschenseelen auf den Weg zum Heiligen Gral. Das ist eine Erkenntnisaufgabe, das ist eine soziale Aufgabe.»

Dem von uns vor Jahrzehnten unvollendet gebliebenen Versuch, wie er in diesen Blättern nur ganz von ferne durchschimmert, aus der Geschichte der Anthroposophischen Bewegung und der Weihnachtstagung heraus «Gral und Grundstein» miteinander zu verbinden, ist nun Sergej O. Prokofieff mit seinem Buch «Rudolf Steiner und die Begründung der neuen Mysterien»[10] von einer ganz anderen Seite entgegengekommen, indem er das Werden des *michaelischen Grals* in der Geistesgeschichte der Menschheit, im Zusammenhang mit der Grundsteinlegung 1923 in Dornach, voll herausgestellt hat.

Für die Wahl des Titels war von Anfang an ein Gedanke maßgebend, der das Gesetz einer Metamorphose in sich birgt: Die *Weisheit* des Grales nimmt ab, wenn nicht in demselben Maß, als sie aufgenommen wird, die *Liebe* (Hingabe) wächst. Es ist mit Begriffen vorgegangen worden, die nach Imaginationen streben.

Ostern 1984 *Dr. Heinrich Teutschmann*

Weisheit

«Zugleich aber erschienen auch himmlische Gestalten, um die Erdbewohner aufzufordern, Menschheitsbauten zu errichten, sie mit den Gemälden der Weltgeschichte zu schmücken, die Jünger des Auferstandenen zu versammeln, Erkenntnisse zu verkünden, Dichtungen zu sagen.»[1] *Albert Steffen*

Einführung

1

In der Hochblüte des Mittelalters werden mehrere große Dichtungen über den Gral geschaffen. Der Gral wird ein heiliger Gegenstand der Sage, nach dem sich die mittelalterliche Menschheit sehnt. Eine Sage tritt auf, die vorher niemand kannte. Dann erfüllt sie Sinnen und Trachten der Menschen durch Jahrhunderte. Und so sehr verbreitet sind die Gralsgedichte, daß noch zur Zeit der Erfindung des Buchdruckes «Parzival» und «Titurel» unter den Erstdrucken sind.

Nimmt man die zahlreichen Gralsromane aus, die den heiligen Gegenstand mit Rankenwerk verdecken oder mit Dunst verhüllen, so daß sie eher geschrieben scheinen, um von der Erkenntnis des Grales abzulenken, dann bleiben vier große Dichtungen übrig, die, wie wir finden, einen einheitlichen Plan der Grals-Offenbarung zu erkennen geben. Dies ist umso beachtlicher, als ihre Abfassungszeiten ungefähr um neun Jahrzehnte auseinanderliegen.

Zwischen 1180 und 1190 schreibt Chrestien de Troyes in altfranzösischer Sprache seinen Perceval mit dem Titel «Li contes de graal» und ebenfalls vor 1200 Robert de Boron seine «L'estoire dou graal». Zwischen 1203 und 1217, innerhalb zweier Jahrsiebente, entsteht Wolframs von Eschenbach «Parzival» – von Wolfram gibt es auch ein Titurel-Fragment – und um 1270 der sogenannte «Jüngere Titurel» des Albrecht von Scharfenberg. Man nimmt diesen Namen für den sich in Geheimnis hüllenden Verfasser des großen, aus 6207 siebenteiligen Strophen (nach dem Druck von Hahn, 1842 – die gegenwärtig begonnene Ausgabe von Werner Wolf zählt 6283 Strophen) bestehenden Gedichtes, das, schon gegen Ende des 13. Jahrhunderts, die Grals-Offenbarung in mittelhochdeutscher Sprache bedeutungsvoll abschließt.

Unseren Lesern werden die Namen Robert, Chrestien, Wolfram und Albrecht oft in Verbindung begegnen.

Wir deuteten soeben einen einheitlichen Plan an. Der Kern der Sage kehrt nach seiner reichen, gesetzmäßigen Entfaltung wieder in sich selbst zurück. Der Ursprung des Grals wird mit der Gestalt Josephs von Arimathia verbunden, des nach dem Evangelium um den Leichnam des menschgewordenen Gottes innig bemühten jüdischen Ratsherrn. Der Heilige Gral, die vom Auferstandenen dem Joseph von Arimathia anvertraute Abendmahlsschale, in der dieser das Blut des Gekreuzigten auffing, wird von Palästina nach Europa getragen und von Titurel, dem Erbauer des Gralstempels, übernommen. Wenn endlich der Gral, weil ihn die Menschen des Westens in ihrer Sündhaftigkeit noch nicht verdienen, wieder mit seinem ganzen Gefolge auszieht und seine fernere Heimat im Osten, in Indien findet, dann verkündet der Dichter – Albrecht von Scharfenberg – durch den Mund des fünfhundert Jahre alten Titurel, der damit sein Lebenswerk für beendet erklärt, wiederum den Ursprung des Grals aus den Händen Josephs von Arimathia.

Man muß in den weltumspannenden Zügen der Sage lesen lernen. Sie weisen auf ihren Kern, das Mysterium von Golgatha, hin. Weil der Gral unmittelbar aus dem Mysterium von Golgatha hervorgeht, so entfaltet er alle seine wunderbaren Eigenschaften. Er wird, in den Händen Josephs und seiner Nachfolger, zum Mittelpunkt wechselnder Menschenkreise, die ihm ihr Schicksal übergeben und es in erhöhter Form von ihm zurückempfangen. Eine Gralsströmung befestigt so den Gral im geschichtlichen Geschehen.

Die Geschichte des Heiligen Gral spiegelt sich anfangs nur bruchstückhaft in den Dichtungen. Was liegt zum Beispiel zwischen Robert und Chrestien? Wo ist da ein Zusammenhang? – Und doch stellt sich zuletzt die Gralsgeschichte in der dichterischen Darstellung als vollkommen lückenlos heraus, denn *Engel* füllen die bis auf Albrecht noch für menschliche Auffassung bestehende Lücke. Nach Albrecht tragen Engel den Gral, in einer Zeit des irdischen Interregnums, von Joseph zu Titurel hinüber. Ja, sie sind es, die ihn in der *Sprache* der Engel («in englischem Tone») den GRAL nennen.

Was aber ganz zuletzt erscheint, ist im Geiste seiner Schöpfer zuerst da. Die Dichter enthüllen planmäßig eine von Anfang an bestehende Urlegende. Rudolf Steiner hat sie für uns (am 8. Februar 1925) in Worte gefaßt: *«In Andeutungen ist dieses Geheimnis der Menschheitsentwickelung vorhanden.* Die heilige Jaspisschale des Grales, deren sich Christus bediente, als er das Brot brach, in die Joseph von Arimathia das Blut aus der Jesuswunde aufgefangen hat, die also das Geheimnis von Golgatha barg, wurde – so lautet die Legende – von Engeln in Verwahrung genommen, bis sie sie nach Erbauung der Gralsburg durch Titurel auf die vorbereiteten Menschen niedersenken konnten.»[1a]
Daß die vier Dichter sich noch viel geheimnisvoller ergänzen, ohne es nötig zu haben, sich gegenseitig als Vorlage zu benützen, wird der Fortgang zeigen.

Man hat bis heute in der Wissenschaft noch keinen wirklichen Begriff von der Gralsdichtung. Nach einer langen Geschichte des Suchens und Nichtwissens, wie man die Dinge zu nehmen hat, wobei sich die literarhistorische Forschung in die äußersten Widersprüche verwickelte, ist endlich in einem geisteswissenschaftlichen Buche, in dem Werk «Die Geheimwissenschaft im Umriß», von Rudolf Steiner, der feste Anhaltspunkt *auch* auf dem Felde der Dichtung zu finden. Handelt es sich doch um ein «verborgenes Wissen vom Gral», das nach der Absicht seiner Träger immer mehr und mehr in das neuzeitliche Bewußtsein der Menschen einfließen soll. Werden doch als die Verwalter dieses Wissens «die Eingeweihten des Grals» genannt, die sich als die nachchristlichen Nachfolger der Vorsteher der alten Tempel kundgeben. Es wird das Richtwort in bezug auf Dichtung und Sage vom Gral gesagt: «Wer dieses Symbol, wie es in Erzählung und

Sage gegeben ist, seiner tieferen Bedeutung nach verstehen lernt, wird nämlich finden, daß es bedeutungsvoll das Wesen dessen versinnlicht, was oben die Erkenntnis der neuen Einweihung, mit dem Christus-Geheimnis in der Mitte, genannt worden ist.»[2]

Eine verborgene Instanz der Menschheitsführung hat ihre Gründe, warum sie ihre Richtlinien in Sagenform sich offenbaren läßt. Man sieht die Dichter im Dienste einer Grals-Offenbarung stehen. Man wird auf die Sprache, die sie führen, intim aufmerksam.

Und man überzeugt sich: Sie nehmen in ihre Darstellung ein Element auf, das der Entwicklung des neuzeitlichen Bewußtseins Rechnung trägt. Ein Bewußtseinsseelen-Element ist zum Beispiel die *Frage*. Wie verstehen es diese Dichter mit den Menschen umzugehen? Ist Pädagogik, ist Seelenführung in ihrer Darstellung? Dichten sie, um ihren Zuhörern – Leser gab es da noch nicht – einen wirklichen Weg zum Gral zu weisen? Aufmunternd, freilassend, ohne Überredung dichten sie, aber mit Entfaltung einer wirklichen, sich naiv gebenden Urkunst. – Das *Was* bedenke, mehr bedenke *Wie*! Das erkannte man bis heute nicht wieder und pflegte es nicht mehr. Erst ein modernes Buch, «Dichtung als Weg zur Einweihung» von Albert Steffen[3], gibt wieder einen Begriff von dichterischem Geheimstil, weil sein Verfasser den Ausgang von einem Wort Rudolf Steiners nimmt: «Dichten – das kann ein Weg zur Einweihung sein.»

Das Kriterium der formalen Könnerschaft erfüllen die vier Dichter mehr als andere. *Wie* sie das Wort – als Wortesmysterium – gebrauchen, ist, wie wir sehen werden, höchst eindrucksvoll. Zunächst aber berufen sie sich auf andere, von ihnen verehrte Persönlichkeiten.

So spricht Robert de Boron – er ist nach seinem Stande ein Mann niederen Adels, ein Ministeriale oder Dienstmann – von seinem Herrn Gautier in Montbéliard (Burgund), in dessen Haus er seine «Geschichte des Gral», die vordem «noch von keinem sterblichen Menschen erzählt worden (war), in Frieden erzählte[4]». – Moderne Forschung neigt dazu, Roberts Gedicht die zeitliche Priorität vor demjenigen Chrestiens zuzuerkennen. Die Priorität Roberts de Boron vertritt Bodo Mergell in «Der Gral in Wolframs Parzival»[5].

Herr Gautier zog auf Kreuzfahrt in das heilige Land und kehrte nie zurück, sondern starb 1212 als Gouverneur von Cypern auf dieser Insel. Auch Philipp von Flandern, Graf vom Elsaß, dem Chrestien de Troyes dient, nahm zum dritten Kreuzzug das Kreuz und fiel 1191 bei der Belagerung von Akkon. Kreuz und Gral suchen und finden sich gegenseitig.

2

Nach Robert de Boron ist der Gral das mineralische, dem Stoffe nach nicht näher bezeichnete Gefäß: erst Albrecht von Scharfenberg bringt die heilige Jaspisschale. In das Gefäß tauchte Christus beim Letzten Abendmahl die Bissen; nach Albrecht diente die Schale auch zur Fußwaschung, wodurch sie sich mit den Jüngerschicksalen beladen darstellt. Joseph sammelt in ihr bei der Kreuzabnahme das heilige Blut: Joseph von Arimathia, nach der Grablegung und der folgenden Auferstehung von den Juden verhaftet und gefangengesetzt, empfängt in der Finsternis des Verlieses das nun lichtstrahlende Gefäß aus den Händen des Auferstandenen selbst, und zwar in Verbindung mit geheimen Lehren, wodurch sie recht eigentlich erst zum Grale wird. Der Dichter ist sich der Feierlichkeit dieses Momentes wohl bewußt, indem er dabei zum ersten Male selbst das Wort GRAL ausspricht.

Die Dichter verbinden den Gral mit der Darstellung der *Frage*. Es handelt sich darum, daß um den Gral gefragt werde. Bei Robert wird denn auch die Frage bei der nachherigen Errichtung der Gralstafel von den Umstehenden erhoben. Sie ist eine doppelte und erstreckt sich auf *Wesen* und *Namen* des Grals.

Damit ist bereits der Ursprung einer Unterscheidung da, welche in aller Wissenschaft vom Gral eine Rolle spielt und uns später auch in der Unterscheidung von «Brot» und «Blut» (Wein) entgegentreten wird. Das *Wesen* des Grals ist das fortwirkende Dasein der inneren Impulse des Mysteriums von Golgatha und damit ein allgemeines Welt-Geheimnis. Der Name (oder die Namen) des Grals drücken aus, wie sich dieses Mysterium jeweils bis in einzelne Individualitäten hinein (zum Beispiel im *Namen* Parzival) offenbart. Er ist zuletzt ein Ich-Geheimnis. Welt und Ich sind so im Grale eins. Das reicht bis in die Formulierung des «Ich» in dem Buche «Die Geheimwissenschaft» hinein. Und wer die Ausführungen Rudolf Steiners in dem Leipziger Zyklus «Christus und die geistige Welt.

Von der Suche nach dem Heiligen Gral» (1913/14)[6] kennt, weiß, wie er auch da die Unterscheidung von Wesen und Namen meisterhaft handhabt.

Aber anders als im Nominalismus, jener aus dem Mittelalter stammenden weltanschaulichen Richtung, welche das Wissen überhaupt auf *bloße* Namen der Dinge einschränkte, wodurch eben das «Name ist Schall und Rauch, umnebelnd Himmelsglut»[7] zustande kam, anders als da, wo den Namen keine Realität der Begriffe zukommt, ist es in der Wissenschaft vom Gral. Da sind die Namen unmittelbare Gaben höherer Wesen, voll von überwallender Fülle der Realität. Wer sich in Wort und Bild mit dem Grale beschäftigt, weckt wesenhafte Kräfte des Ich in seiner Seele. Engel übergeben dem Menschen Klang und Bild; beides gehört in der Sprache der Mysterien zum *Namen*. Deswegen begnügen sich bei Robert die vom Grale hinwegscheidenden Sünder dankbar mit der Mitteilung des Namens GRAL, auch wenn ihnen sein Wesen vorenthalten bleibt, weil sie daraus allein die Begeisterung schöpfen, um für den Gral zu wirken und seinen Ruhm in der Welt zu verkünden.

Diese Art der doppelten Fragestellung nach dem Gral setzt das Sein des Grals oder «jene heimliche Tradition des Wissens um höheres Geheimnis» voraus, von welcher der Forscher Bodo v. Mergell überzeugt wurde, der ausrief: «Der Gral bedeutet nicht nur, er *ist*.»[5] –

Anders ist es bei Chrestien de Troyes. Bei Chrestien ist der Gral ein goldenes, bedecktes Gefäß in Kelchesform, das eine Hostie birgt. Das Gefäß will nicht für sich allein genommen sein. Die Anwesenheit des feinsten kultischen Weizenbrotes ist es zudem, welche Materie und Form des Gefäßes verwandelt hat. Daß es veredelt wurde (auf eine höhere Stufe der Vollkommenheit gehoben), drücken die Edelsteine im Golde noch besonders aus. Dieser Gral wird nun – in einer gegenüber dem Abschnitt, den Robert behandelt, viel späteren Zeit – in einer Burg verwahrt und dort bei der Gelegenheit eines Mahles, das Perceval und der Burgherr einnehmen, vorübergetragen. Da werden nicht nur in seiner Gegenwart Speisen der verschiedensten Art gereicht, sondern die Hostie selbst dient einem alten König unmittelbar zur Nahrung. Es ist dies der erste Hinweis auf *Titurel*, dessen *Namen* erst Wolfram von Eschenbach, dessen volle *Würde* erst Albrecht von Scharfenberg offenbart.

Zum mineralischen Gliede des Grals, das entsprechend verwandelt wurde, tritt also bei Chrestien ein pflanzliches Glied, die Hostie als das edelste Produkt aus dem Pflanzenreich, hinzu. Das Bild des Grals hat eine Metamorphose erfahren. Dieser zufolge erstreckt sich nun die Frage, wie sie hier erhoben wird, nicht mehr auf das Dasein des Grales, sondern unmittelbar auf seine ihm innewohnende ernährende, lebenspendende Kraft. Zugleich wird diese Kraft auf eine Ichheit bezogen. Perceval soll ja fragen, «wen man mit dem Grale bediene», oder wer derjenige ist, dem diese Hostie zur Nahrung gereicht wird. –

Wolfram von Eschenbach hat ein noch weiter ausgeführtes Bild des Grals. Er fügt dem seit Chrestien zweigliedrigen, aus Gefäß und Hostie, Mineralischem und Pflanzlichem bestehenden Gral ein drittes Glied aus dem Tierreich hinzu, die Taube. Alle Karfreitage kommt die Taube vom Himmel, um die Oblate – eine vom Priester nicht konsekrierte Scheibe feinsten Weizenbrotes – auf den bloßen Stein zu legen. Für die Gralsforschung kann es richtungweisend sein, das Bild des Grals bei Wolfram stets in diesem dreifältigen Lichte zu sehen, statt sich in Untersuchungen über die bloße Steinsymbolik zu verlieren. Mit der einseitigen Steinsymbolik bei diesem Dichter beschäftigt sich die neuere literarhistorische Forschung in den meisten Fällen. Sie huldigt damit einem bloßen Nominalismus. Zum Wesen dringt man nur, wenn man den Gral Wolframs trinitarisch nimmt: Stein + Oblate + Taube – und dabei sieht, wie das Verhältnis der drei Glieder zueinander ist. Die ursprüngliche Form des Grals als Gefäß oder Schale ist da abgebaut, gewissermaßen unwesentlich geworden. Die zweite Form ebenso: Es kann auf die Weihe der zubereiteten Feldfrucht durch den Priester, wodurch sie zur Hostie wird, verzichtet werden, wenn der Geist in der Gestalt der Taube selber die Oblate herabsendet. Die dem Mineralischen und dem Pflanzlichen eingeprägten Gestalten wurden entformt. Das Wesen des Grales beruht nun allein auf dem formgebenden, mit Sehnsucht erwarteten, Tugend verleihenden Prinzip der Taube. Alles wird da heilige, heilende Seelenmacht.

Demgemäß lautet die Frage, die der Gralsucher an den siechen Gralskönig richtet: «Oheim, was fehlet dir?» oder «Was wirret dir?». Parzival muß alle Qualen durchleben, die aus dem Mangel an Frage-Initiative entspringen, die Not des Getrenntseins vom

Gral, bis endlich die taubengeschmückte Gralsbotin, Cundrie, ihn beruft. Die eigene Aktivität im Bewußtsein führt zuletzt auch zur Frage-Initiative. Das Bewußtsein des Anfortas soll geweckt, es soll dem Siechen nahegebracht werden, daß es ihm an der heiligen, heilenden Macht des Grals selber fehle, die er verscherzt hat. Diese indirekte Gralsfrage ehrt ihn in seiner eigenen Freiheit und Initiative. Die aus solcher Bewußtheit geformte Frage soll heilende Selbsterkenntnis weitergeben.

So sind verschieden die Bilder, unter denen man sich den Gral vorstellte. Und die scheinbaren Widersprüche (Schale? Goldkelch? Stein? und so weiter) werden schon im Mittelalter lebhaft empfunden worden sein. Man könnte sich drei oder mehr Menschen denken, deren jeder ein anderes Bild des Grales in sich trüge, je nach dem Dichter, den er hörte. Ließen wir sie miteinander in ein Gespräch kommen, so würden sie sich über den Gegenstand ihrer Sehnsucht nicht einmal verständigen können, solange sie nur in der Sphäre der Bilder verhandeln. Wie Träumer blieben sie mit ihren Traumbildern isoliert. Erst im *Fragen* können sie sich einander nähern und zuletzt übereinstimmen. Und die Frage gibt, wie man sieht, dem Gesamtwerk der Dichter Sinn und Struktur. Der Aufbau der Bilder des Grals, den sie bringen, läßt daran den Gang einer *Entwicklung des Grales* ablesen.

Das ist das Besondere der Gralssage, das sie von allen anderen Sagen unterscheidet: Der Gral will, daß man nach ihm frage. Der Gral wird zwar in Bildern, noch dazu verschiedenen, gegeben, aber er verlangt ausdrücklich, daß man ihn nicht beim bloßen Bilde belasse, sondern dieses aus eigener Freiheit und Aktivität durch das Denken in eine höhere Form der Bewußtheit verwandle. Auch die Frage nach dem Gral wird sagenhaft dargestellt, als Fragestellung oder -unterlassung in verschiedenen Situationen, aber stets so, daß aus dem Formulieren der Frage ein Durchblick auf das *Wesen* und ein Finden des *Wortes* folgt.

Aus dieser Erkenntnis folgt auch die andere, daß nur solche Gralsdichtungen, in denen die Frage vorkommt, authentisch sind, das heißt aus unmittelbarer Gralsnähe hervorgehen. Alle Fortdichtungen, Umdichtungen, Nachdichtungen, in welchen man durch andere Mittel als durch die Frage, durch Schauungen, religiöse Entzückungen und dergleichen des Grales teilhaft zu werden verspricht, lenken vom Gegenstande ab. Hier ziehen wir vor der großzügigen Auffassung Rudolf Meyers («Der Gral und seine Hüter»)[8] eine gewisse Grenze.

3

Zum Bilde des Grals stimmt jeweils entwicklungsgemäß die Umgebung, in welche die Dichter ihn versetzen und aus welcher er hervorragt. Dem mineralischen Grale Roberts, gewissermaßen der Blutsreliquie, entspricht die Umgebung der Antike, die Städte, Mauern und Meere des Mittelmeerbeckens. Die Handlung spielt in geschlossenen Räumen. Die Natur als solche kennt Robert noch nicht.

Die Dichter leben an der Wende des 13. Jahrhunderts. Robert versetzt sich von da zurück in die Art und Weise, wie die Menschen der ersten christlichen Jahrhunderte die unmittelbare Nachwirkung der Gegenwart Christi im Physischen erlebten. Auf der damit im allgemeinen gekennzeichneten ersten Periode im inneren Entwicklungsgang des Christentums baut somit «Die Geschichte des Heiligen Gral» auf ihrer ersten Stufe auf. (Man erinnert sich an die alte Worterklärung des Grals als eines stufenweise vertieften Gefäßes, gradalis.)

Wie nimmt sich das historisch aus? In den ersten vier Jahrhunderten unserer Zeitrechnung, etwa bis zu Augustinus – er lebte von 353 bis 430 – legten die Bekenner Wert darauf, daß es Christen gab, die ihr Christentum von bekannten Apostelschülern ebenso herleiteten, wie diese von den Aposteln selbst. Die unmittelbare physische Berührung mit dem Herrn war das Fortwirkende. Was da als Kraft der Übertragung wirkte, nennt Rudolf Steiner die «physische Erinnerung». Sie aus dessen Vortrag «Das Christentum im Entwickelungsgang unserer gegenwärtigen Menschheit» (15.2.1909)[9] kennenzulernen, hat etwas Erschütterndes in der Zeit der Tonbandaufnahmen und Fernsehübertragungen. Es war eine Übertragung ohne physikalische Hilfsmittel, die viel tiefer als durch diese erlebt wurde.

Wenn zum Beispiel in einer urchristlichen Gemeinde, wie Rudolf Steiner an anderer Stelle schildert, Apostelbriefe vorgelesen wurden, die damals noch in Originalhandschriften vorhanden waren, dann saßen «die Gläubigen vor diesen Lehrstühlen so, daß sie aus dem Timbre der Stimme der Nachfolger der Apostel den Klang der Stimme der Apostel heraushörten, und daß sie aus der Handschrift sich Vorstellungen machen konnten über die Gestalten der Apostel. So daß man auch noch, als das dritte Jahrhundert begann, ganz äußerlich lebendig machen konnte die Gestalten der Apostel und in übertragener Bedeutung ihre Stimmen hören konnte ... Diejenigen, die als Apostelschüler die Apostel anhörten, hörten aus dem Klang der Worte die Art heraus, wie der Ton war, in dem der Christus Jesus sprach. Und das ist etwas ungeheuer Bedeutsames» («Bausteine zu einer Erkenntnis des Mysteriums von Golgatha»).[10]

Bei Robert de Boron ist etwas Ähnliches wirklich der Fall. Die Anwesenheit des Gefäßes, das der Christus physisch berührte, genügt, daß die für den Gral Empfänglichen eine magisch-moralische Wirkung erleben. Und jedesmal, wenn Joseph von Arimathia betend vor dem Grale kniet, spricht der Geist mit Jesu Stimme zu ihm. Dieser hochentwickelte Zeitgenosse Christi lebt mit seinem Herzen in der «physischen Erinnerung», und darüber hinaus entfaltet sich ihm im Gral die stete Gegenwart des *Auferstandenen*.

Die im Aufbau der Bilder des Grals aufgefundene Gesetzmäßigkeit kann darauf hinweisen, daß der Mensch nach und nach mit verschiedenen Wesensgliedern an den Wirkungen des Mysteriums von Golgatha teilnimmt. Hier soll wieder auf den soeben erwähnten Vortrag Rudolf Steiners vom 15. Februar 1909 verwiesen werden.

Im Menschenwesen ist, nach dem physischen Leib, der Lebensleib oder Ätherleib ein zweites, schon übersinnliches Glied, das der Mensch mit der Pflanze gemeinsam hat. So ergriff in einer zweiten Periode des inneren Entwicklungsganges des Christentums, vom 4. bis 12. Jahrhundert, der Christusimpuls den Lebensleib. Nicht mehr die physische Erinnerung oder die fortlaufende Tradition, die allmählich erstarrte, war das allein Maßgebliche für das Finden des Christus. Menschen, welche dazu die Reife erlangt hatten, fanden in ihrem mit der Geburt erworbenen Ätherleib ein Abbild des Heiligen Ätherleibes vor. Das Christentum wurde in ihnen auf eine geheimnisvolle Weise vervielfältigt.

Für solche Christen ist der Christus ein unmittelbar Gegenwärtiger. Sie brauchen ihn nicht aus der Überlieferung zu holen. Sie tragen ihn an sich wie ein inneres Auge, in dessen Lichte zum Beispiel die christliche Malerei ihren Anfang nimmt, wenn sie die heiligen Szenen vergegenwärtigt.

Und die Dichter? – Im 9. Jahrhundert schrieb ein sächsischer Geistlicher den «Heliand», ein überlieferungsfreies Heilandleben. Im 9. Jahrhundert lebten auch Herzeloyde und Parzival. Die Dichter machen die Welt mit Persönlichkeiten bekannt, die man auf äußerem geschichtlichen Wege nicht kennenlernt, weil sie selbst Angehörige einer geistigen Führungs-Loge sind, die ihre Stimmen nicht in das Weltgeräusch mischen. Chrestien hält die Stimmung des 9. Jahrhunderts noch im 12. Jahrhundert fest. Sein Perceval, «der Sohn der Witwe», wächst in Wald und Wiese auf, in einer Hirten-Umgebung, wie eine Lilie des Feldes so unschuldig-wild. Der Dichter malt geradezu eine in Frühlingsblüten sich schmückende Erde. Die Gralsburg liegt in einer herrlichen, elementarisch regen Natur. Die Hostie entspringt aus dem goldenen Saatfeld, das die Sonne reift. Diese Kultur blüht nicht mehr am Mittelmeer, sondern Jahrhunderte später im keltisch-germanischen Raum unter der Regierung der Impulse, die man in dem sagenhaften König Artus zusammenfaßt. –

Während sich Robert und Chrestien in frühere Zeiten des Grals zurückversetzen, ist Wolfram unter den Dichtern vor 1250 der modernste, weil er seinen Parzival aus der Historie heraufholt und zum strebenden Menschen seines, des 13. Jahrhunderts – und zwar vor der zu erörternden Krise des Jahres 1250 – macht.

Der seit dem 9. Jahrhundert immer irdischer, materieller werdende Intellekt geriet durch den Arabismus in ein gefährliches Fahrwasser, denn dieser leugnete das ewige Ich, das nun begrifflich erfaßt werden sollte. Im Kampf gegen die arabischen Philosophen wurde es möglich, den Intellekt für die Geisteskultur des Abendlandes zu retten und ihn zur maßgebenden Fähigkeit, ja Tugend der folgenden Jahrhunderte zu erheben, wodurch das Christentum eine neue Vertiefung erhielt. In einer neuen Wende zur Verinnerlichung konnte das Denkvermögen ohne Schaden einverseelt werden und die Führung in der Menschenbildung übernehmen. Hierfür bekommt schon der «Jüngere Titurel» Albrechts – gegen 1270 – eine ganz spezifische Bedeutung.

Diese Entwicklung zur Verinnerlichung wurde durch eine historische Gnade in der dritten Periode vom 12. bis 15. Jahrhundert ermöglicht. Der Christusimpuls trat in den Seelenleib (Astralleib) auserlesener Persönlichkeiten ein (Rudolf Steiner, Vortrag vom 15.2.1909).[11] Die neuere Persönlichkeit wird im 13. Jahrhundert geboren, und sie konnte in ihrem Seelenleib ein Abbild des Heiligen Seelenleibes empfangen. Dadurch wurde sie, da und dort, auf dreierlei verschiedene Weise in sich vertieft. Zuerst nach der Seite der Empfindungsseele bei Franz von Assisi (1182–1226) und Elisabeth von Thüringen (1207–1231). Dann nach der Seite der Verstandesseele bei Albertus Magnus (1193–1280) und Thomas von Aquino (1225–1274). Sie pflegten die Begriffe des Aristoteles. Schon nach der Seite der Bewußtseinsseele geht die Entwicklung bei den Mystikern des Mittelalters: Eckart, Suso, Tauler, auch schon bei Bernhard von Clairvaux (1091–1153).

Wolfram steht der Mystik eines Bernhard von Clairvaux nahe (vgl. Kap. 37). Er ist ein rechter Seelenkenner in der Handhabung der Seelenglieder Empfindungsseele, Verstandesseele und Bewußtseinsseele. Darauf bezieht sich auch sein trinitarisches Gralsbild. Wir haben gesehen, wie dieses dadurch entsteht, daß die bis dahin überlieferten Gralsbilder, das zur Schale geformte Mineral und der Hostienbehälter, eine Entformung erleiden. Eine solche Entformung ist gewissermaßen bei den ihnen entsprechenden Wesensgliedern des Menschen auch der Fall, wenn die Seele beginnt, die ihnen entsprechenden Seelenglieder herauszuarbeiten. So entspricht es einer inneren Struktur der Wissenschaft vom Gral, wenn die Taube bei Wolfram als Bild der Empfindungsseele, die Oblate als Bild der Verstandesseele und der Stein als Bild der Bewußtseinsseele auftreten.

Hinter all dem – unoffenbar – steht der Gral. Der Gral ist die geistige Führungsmacht, die hinter der Geistesgeschichte sowohl der ganzen Erde als auch des Abendlandes waltet. (Deshalb ist es ganz unangebracht, den Gral mit einer speziellen Glaubensbewegung, zum Beispiel jener der Katharer zu identifizieren.)

Damit ist auch auf die Seelenkämpfe der dritten Periode hingewiesen. Jede Zeit hat auch ihre Vorläufer. Rudolf Steiner spricht vom *«tragischen Bewußtsein»* eines Parzival. Man denke nur an seine Auseinandersetzung mit dem die *Frage* ablehnenden Gurnemanz. – Eine tiefe Bestürzung muß die Eingeweihten des Grals erfaßt haben, daß eine so hohe Individualität wie Parzival *nicht* gefragt hat! Wichtigste Dichterstellen handeln ja von seinem Versagen! Parzival gelangt zwar im Jahreslauf dennoch zum Gral, aber das ist Gnade, und es sind nur Ansätze zur Gedankenbildung da. Die Eingeweihten mußten dafür sorgen, daß ein allgemeingültiger Erkenntnisweg – nach 1250 – geschaffen werde. 1250 ist das Jahr, da die Menschheit am meisten von der geistigen Welt abgeschnitten ist.[12] Die Tatsache der Grals-Offenbarung, von der wir sprechen, versteht man überhaupt nur als schon im Hinblick auf das Jahr 1250 geschehen. Albrechts Titurel aber enthält bereits mit den Gestalten von Sigune und Schionatulander in nuce den neuen, mit der Gedankenbildung rechnenden Weg.

Nach einer Zwischenzeit der Verdunkelung, die mit dem 15. Jahrhundert beginnt, für deren Eintritt aber schon in der Zeitgeschichte des 13. die Anzeichen vorliegen – das ist eben die Krise des Jahres 1250 –, ist heute eine vierte Periode im inneren Entwicklungsgang des Christentums angebrochen. Sie ist gekennzeichnet einerseits durch eine Glaubenskrise von stärkstem Ausmaß, anderseits zum Beispiel durch das Erscheinen des Buches «Die Geheimwissenschaft im Umriß» von Rudolf Steiner im Jahre 1909, einem Ereignis, das mit dem Offenbarwerden sowohl des Ich-Geheimnisses des Grals als auch seines Welt-Geheimnisses unmittelbar zusammenfällt.[13]

Dichter:	Name:	Wesen:	Periode:
Robert vor 1200	*mineral.* Gefäß	*Sein* (phys. Leib)	1.– 4. Jahrh.
Chrestien vor 1200	Goldgefäß + *Hostie*	*Leben* (Ätherleib)	4.–12. Jahrh.
Wolfram vor 1220	Stein (Bew. S.) Oblate (Verst. S.) +*Taube* (Empf. S.)	*Bewußtsein* (Astralleib)	12.–15. Jahrh.
		Krise: 1250	
Albrecht vor 1270	Engel- führung	*Selbstbewußtsein* (Ich)	vorausdeutend auf die Gegenwart

Fig. 1
Die Gralsentwicklung

In der dem mittelalterlichen Menschen gemeinhin verständlichen Form der Sage geben die vier Dichter einen Abriß der zweitausendjährigen Gralsentwicklung. Die geistige Führungsmacht, die man den Gral nennt, besaß einen Überblick über Vergangenheit und Zukunft unseres Geschlechtes, das, wie Goethe sagt, «aus dem Dunklen ins Helle strebt» (siehe Figur 1).

4

Im zweiten der beiden Jahrsiebente von 1203 bis 1217, die Wolfram von Eschenbach, den «Parzival» dichtend, zum Teil als Gast des Landgrafen Hermann von Thüringen auf der Wartburg verbrachte, lebte als Kind am thüringischen Hofe die heilige Elisabeth. Die Tochter des Königs Andreas von Ungarn und einer kärntnerischen Herzogin – wurde mit vier Jahren dem ältesten Sohne des Landgrafen, Ludwig – auch noch ein Kind – verlobt und dem thüringischen Leben übergeben (1211).

Elisabeth zeigte früh ihre tiefen Seelenanlagen. Sie betrug sich geschwisterlich auch zu Personen niedrigen Standes, und wenn sie allein war, küßte sie Säulen und Wände der Burgkapelle. Der Chronist Hermann von Fritslar schreibt schon dem Kinde das *Rosenwunder* zu: «Da sie im Hause umlief, stahl sie alles, was sie ergreifen konnte an Essen und Trinken, und gab es den Armen. Da die Köche das vermeldeten und das Gesinde, da paßte der Herr selber auf; und da sie aus der Küchen ging und hatte ihren Rockschoß vollgeladen, da begegnete er ihr und sprach: Liebes Töchterchen, was trägst du? Da sprach sie: Ich trage Rosen und will mir einen Kranz machen. Da sprach der Herr: Weise mir die Rosen! Denn er wußte wohl, daß es Brot und Fleisch wäre. Da schlug sie den Rockschoß auf, und es waren alles Rosen, rote und weiße, in der armen Leute Hand aber ward es wieder Brot und Fleisch. Da sprach der Herr zu den Köchen und Mägden: Ich gebiete euch bei eurem Leben, alles das sie euch nehmen will, den Armen zu geben, daß ihr das nicht wehret!»[14]

Diese durchchristete Seele fand an ihrem späteren Gatten Ludwig einen sicheren Erdenschutz. Dieser nahm jedoch am Johannitage 1227 das Kreuz und führte das deutsche Heer dem Stauferkaiser Friedrich II. nach Apulien zu. Im versammelten Heere brach eine Seuche aus. Ludwig starb (nach Ernst Uehli) am 8. September 1227[15] auf seinem Schiff vor der Küste Apuliens.

«Als er nun so dem Tode nahe war und um des ewigen Gottes Gnade betete, sahe er, daß das Gemach, darin er lag, voll schneeweißer *Tauben* war, die flogen auf allen Seiten um das Bette. Da sprach er zu seinen Dienern und den Umstehenden: Sehet ihr nicht diese große Menge schneeweißer Tauben? Sie aber meinten, er rede irre und im Fieber. Über ein Kleines aber sprach der milde Fürst wiederum: Ich muß und will von hinnen fliegen mit diesen schneeweißen Tauben. Sobald er das Wort gesagt hatte, gab er seinen Geist auf in die Hände seines allmächtigen Vaters. Sein Kaplan aber, der bei ihm war, ein gar frommer Priester, sahe dieselben weißen Tauben auch allesamt gen Aufgang der Sonne fliegen.»[16]

Das Bild der Taube in seiner Verwendung lehrt, daß es damals – vor 1250 – schon eine ausgebreitete Gralsbewegung gab. Und noch etwas anderes lehrt das Eindringen der Rose in die Überlieferung: Die Vorbereitung auf die Gründung der Schulen des Rosenkreuzes.

Albrecht von Scharfenberg geht über das, was die Dichter bisher gebracht haben, hinaus. Fünfzig Jahre nach Wolfram, gegen 1270[17] und somit siebenhundert Jahre vor der Gegenwart, unternimmt er es in einem großen Epos, den Gral aus seinen jeweils zeitlichen «Umgebungen» herauszulösen und in ein ewiges Reich der Fortdauer zu versetzen. Die Schwelle des kritischen Jahres 1250 ist bereits überschritten und man atmet auf, wenn man, in Parzivals Schicksal verflochten und doch selbständig neben ihm, die Schicksale Sigunes und Schionatulanders – in die neue Zeit heraufversetzt – liest. Man weiß: Die Schule des Rosenkreuzes ist in Gründung begriffen.

Des Dichters erstes Anliegen zwar ist es zu zeigen, daß eine kontinuierliche geistige Führung über der ganzen Gralsgeschichte waltet und walten wird. Die Umgebung, in die er seinen Gral versetzt, ist daher weder die römische, noch die keltische, noch die rittermäßige (in ihrer Besonderheit erfaßt), sondern eine rein geistig-seelische: Er taucht den Gral von Anfang bis Ende in die Stimmung des Hymnus und der Kontemplation. Der Gralstempel, den er erbaut, ist auch nur ein Bild dafür. In einer vom Hymnischen getragenen Atmosphäre wird der an die höchste Grenze seines Alters gelangte Titurel vom Priester Johannes nach dem *Wesen* des *Grals* gefragt. Er vermag über die geistige Führung selbst Auskunft zu geben. Es ist dies die letzte Metamorphose, zu welcher die Gralsfrage gelangt.

Die Abschiedsrede des sterbensnahen Titurel, in dem die jahrhundertealte Führung selbst Person wird und Ich und Welt sich in eines zusammenschließen, ist als der höchste Gipfel der mittelalterlichen Gralsdichtung anzusehen (siehe Kap. 59).

5

Selbstzeugnisse der Dichter sind uns Heutigen willkommen, weil sie auf das Ich-Geheimnis vorbereiten, das in der Zukunft durch das Wort selbst wirksam werden will. Es handelt sich dabei nur darum, etwas Keimhaftes im Stil der Dichter beobachten zu können.

Robert de Boron tritt in eigener Person an drei, vielleicht sogar vier Stellen hervor, um für den Gral ein Selbstzeugnis abzulegen. Erstens ertönt überhaupt das Wort GRAL zum ersten Mal aus seinem Munde im Anschluß an die Übergabe des heiligen Gefäßes an Joseph von Arimathia durch den Auferstandenen. Da beruft er sich in bildlicher Sprache auf «das große Buch, in dem die großen Geheimnisse geschrieben sind, die man den GRAL nennt» – das ist die in den Mysterien aufbewahrte (in der Art, wie wir zeigten, ungeschriebene) Tradition vom Umgange Josephs von Arimathia mit Jesus. Er bezeugt, daß er seine Erzählung aus dem «großen Buch» in aller Rechtmäßigkeit schöpft. (Das Mysterium von Golgatha ist ein «großes Mysterium».) Das zweite Mal zeugt er für sich, als die beiden Fragen nach Wesen und Namen des Grals gestellt werden. Da reiht er sich selbst unter die echten Interpreten des Grales ein: «Und deshalb, weil diese Sache wahr ist, nennen wir unser Werk DIE GESCHICHTE DES GRAL und den Namen des Gral soll sie tragen von nun an bis in alle Zeit.» Endlich, als er von seiner Erzählung Abschied nimmt, bezeugt er, daß, wenn auch *seine* Kräfte zur Vollendung nicht hinreichen, diese Erzählung durch *ihre* innere Kraft weitergeht.[18]

In der Demut und Herzenserfüllung, die Robert sichtbar vor

seinen Gegenstand hinträgt, nähert er sich selbst dem Gral – als Mensch des 12. Jahrhunderts – in der Empfindungsseele.

Chrestien de Troyes ist knapp in seinen Selbstzeugnissen. Seine Worte werden da wie zu Interjektionen, die treffsicher und dabei so «inhaltslos» sind, daß, wie Rudolf Steiner einmal von den Interjektionen sagt, auch die Toten sie verstehen. Nur ein Beispiel: Als der Gral im Saale aufgetragen wird und ein heiliges Staunen seine Zuhörer ergreift, unterbricht sich der Dichter: «Was soll ich sagen?» Daß er sprachlos wird, ist sachlich sehr wirkungsvoll. Er bereitet damit auf die Gralsfrage vor.

Und es soll auch als zweckmäßig erscheinen, nach dem Grale zu fragen. Denn – wie die Cundrie bedeutet – es ist der Friede der künftigen Welt durch die Unterlassung der Frage gefährdet! Nicht fragen ist nicht zweckmäßig. Chrestien bewertet (als Franzose) den Gral auch vom Gesichtspunkt der Verstandesseele. –

Ein Dichter, der die Aufgabe hat zu künden, was die Eingeweihten «sagen», ist in einer besonderen Lage. Er sieht sich von vielen Fragen umringt. Diesen kann er auf verschiedene Art Genüge tun: Durch sein Selbstzeugnis, wodurch er dem in Rede Stehenden Gewicht mit eigener Erfahrung auf entsprechendem Gebiet verleiht; durch seine Sprachhandhabung, mit der er Laute, Rhythmen, Gleichnisse für das Geistige durchlässig erbildet; durch den Inhalt seiner Erkenntnisse selbst.

In all dem hat es Wolfram von Eschenbach zur Meisterschaft gebracht. Die ichhafte Art der Deklamation in der germanischen Dichtkunst – im Gegensatz zur Rezitation zum Beispiel eines Homer – ermöglicht es ihm, seinen Vortrag beliebig zu unterbrechen und sich mit einer persönlich erscheinenden Bemerkung an die Zuhörer zu wenden. Wolfram ist auch unausdrücklich immer im Gespräch mit einer idealen Zuhörerschaft. Er läßt miterleben und lebt mit, so wenn er sagt:

Für uns alle nahm ich hier das Wort (*VI 293, 17*).

Aber es ist noch etwas Besonderes bei Wolfram, wenn er an den packendsten Stellen der Sage mit einem wie aus seiner persönlichen Anteilnahme geborenen Zwischenruf, sehr oft Klageruf, dazwischenfährt. Die erste in Betracht kommende, höchst wirksame Stelle ist im V. Buch (*P 240, 3-9*), als Parzival bei seinem ersten Besuch auf der Gralsburg die Frage zu stellen unterläßt. Wolfram, leidenschaftlich:

Weh, daß er da vermied zu fragen:
Das muß ich noch für ihn beklagen.
Denn da das Schwert ihm ward gegeben,
Das mahnt' ihn, Frage zu erheben,
Auch jammert mich sein edler Wirt,
Daß er der Qual nicht ledig wird,
Der ihn enthoben hätte Fragen.

Welch ein Gewicht bekommt das, wenn man weiß, daß die Bestürzung der Eingeweihten dahinter steht!

Mit welcher Absicht aber fühlt sich Wolfram («Ich, Wolfram von Eschenbach», *P XVI 827, 13*) gedrängt, gerade hier aus dem Rahmen der Erzählung in eigener Person hervorzutreten? Das muß doch seinen Zuhörern auffallen, die ihn (oder denjenigen, der die Dichtung mit Anteil vorträgt) dann noch um Weiteres *fragen* werden. Des Dichters Zwischenrufe werben um Vertrauen bei solchen, die tiefer Fragende sind; denen die Begegnung mit dem Dichter Anlaß wird, Wege des Geistes zu suchen.

Die Dichter kennen auch die Abwehr, welche die Welt noch stets dem Offenbarwerden der geistigen Führungsprinzipien entgegensetzt, und richten sich auf sie ein. Vielleicht weiß man deswegen so wenig von ihrem persönlichen Leben, weil es in einer Zeit, da Elisabeth von Thüringen unter der Gewalt des Inquisitors von Deutschland, Konrads von Marburg, stand, nicht allzu ratsam schien, sich als Gralsdichter zu sehr zu exponieren. Ein Geisteslehrer selbst, Kyot – womit die Kyotfrage der Literarhistoriker, die Frage nach dem von Wolfram selbst angegebenen Gewährsmann in die rechte Richtung gewiesen wird –, legte dem Dichter eine *Schweigepflicht* hinsichtlich des Grales auf, die nicht eher gebrochen werden durfte, als bis es die Notwendigkeit selbst verlangte (*P IX 453, 1-10*). Wann aber konnte die Notwendigkeit gegeben sein? Nur als die Frage «ungebeten und ungewarnt» aus *freier* Initiative und damit aus der Bewußtseinsseele heraus auftrat.

Dann ist es auch an der Zeit, hinzuweisen auf den «Hort des Fortwirkens jenes Impulses, der von dem Mysterium von Golgatha ausgegangen ist», so daß «seine Wirkung durch die geschichtliche Erdenentwickelung fortdauert»[19] (vgl. Kap. 22 ff.).

Aus dem Schoß der Zeiten tritt die Aufforderung zur Verinnerlichung des Mysteriums von Golgatha an das Ich, das die Gralsnot fühlt, heran. In der Gemeinschaft, die es vorbereitet, und für die

Gemeinschaft, die seiner bedarf, wirkt das *Wort*: Der Erkenntnis den Weg bereitend, Schweigen brechend, Hemmungen zurückweisend, heilend und heiligend. Die Gralssage in ihrer dichterischen Gestaltung regt eine Neuschöpfung des ganzen Menschen durch das Wort an: «In jener Zeit wird des Menschen Hervorbringungskraft gereinigt, geläutert sein; der Kehlkopf wird alsdann das Fortpflanzungsorgan sein ... Der umgewandelte Kehlkopf in uns wird zu dem Kelche werden, den man den Heiligen Gral nennt. Und ebenso wie das eine wird auch das andere geläutert sein, das sich mit diesem hervorbringenden Organ verbindet: es wird eine Essenz der Weltenkraft, der großen Weltenessenz sein. Und diesen Weltengeist in seiner Essenz stellt man dar mit dem Bilde der Taube, die dem Heiligen Gral gegenübersteht. Hier ist sie das Symbolum der vergeistigten Befruchtung, die aus dem Kosmos heraus wirken wird, wenn der Mensch sich mit dem Kosmos dereinst identifiziert hat. Das ganze Schöpferische dieses Vorganges wird dargestellt durch den Regenbogen: das ist das allumfassende Siegel vom Heiligen Gral.»[20] Die über der Bewußtseinsseele schwebende Taube weist bereits auf die nächste kommende Epoche des zum Geistselbst umgewandelten Astralleibes hin.

Joseph von Arimathia

(Robert de Boron)

6

Im Grale steckt das Geburtsgeheimnis eines höheren Menschen, der zum Wortesmenschen wird. Damit stimmt überein, daß die Gralsdichter *Maria*, die Gottesmutter, durch welche das Wort Fleisch wurde, so hoch preisen. Bei Robert ist es der Auferstandene selbst, der den Joseph von Arimathia über den hohen Rang seiner Mutter belehrt, und jedesmal, wenn Joseph betet, redet er den Herrn an:

> O Herr, so wahr du in der Jungfrau Maria Fleisch annahmst und aus ihr geboren wurdest.[1]

Robert widmet ihr seinen Prolog. Urbild geläuterter Blutes- und Persönlichkeitskräfte, erscheint da Maria mit der *Rose*:

> Er barg sich im Schoße der Jungfrau und bildete sie selbst nach seinem Willen: er machte sie demütig, sanftmütig und wohlgebildet, ganz und gar nach seinem Wunsch. Sie war voll aller Güten, in ihr ließ er alle Schönheit thronen, ihr eignete der Duft der Maidornblüte, sie ist auch wie der Rosenstock, denn sie trug die süße Rose, die in ihrem Leibe Wohnung genommen hatte. Maria ward sie geheißen, von allen guten Dingen ist sie durchlichtet ...[2]

Was am Anfang des 14. Jahrhunderts von *Giotto* in der Scrovegni-Kapelle zu Padua so ergreifend gemalt ist, man findet es hier hundert Jahre zuvor in Worten:

> Und Joachim erzeugte sie, Anna, ihre Mutter, trug sie, die beide doch in hohem Alter standen. Nie hatten sie ein Kind besessen und trauerten darüber in ihrem Gemüte, Gott aber erwies sich ihnen gnädig durch seinen Engel, den er zu Joachim sandte, als er zu seinen Schäfern in die Wüste zog und bei ihnen dort blieb; denn Joachim war erzürnt wegen seiner Opfergabe, die der Vorsteher im Tempel ihm

zurückgewiesen hatte, da er noch keinen Erben mit seiner Frau, der Herrin seines Hauses, erzeugt hatte. Dies sprach der Engel zu Joachim: ‹Mache Dich bald auf und begib Dich auf den Weg, das bestellt Dir Gott durch mich; und er hat mir befohlen, daß ich Dir in Sonderheit sage, Dein Wille und Wunsch werde erfüllt werden; denn Du sollst eine Tochter bekommen und sollst sie Maria heißen. Von Anna, Deinem Weibe, wird sie geboren und in ihrem Leibe wird sie geheiligt werden. Zeit ihres Lebens wird sie niemals eine Sünde begehen. Fürchte Dich darob nicht, und damit ich besseren Glauben finde, sollst Du nun nach Jerusalem ziehen und wirst dort am Tore Deinem Weibe begegnen. Dann sollt Ihr beide Euch in Euer Haus begeben und als gute Menschen beisammen sein, und so wird alles dann in Wahrheit geschehen!›

Ein Analogon zum epochalen Übergang vom Überlieferungswort zum Bildgemälde (Metamorphose des Christentums von der 1. zur 2. Periode, vgl. Kap. 3) sieht man auch hier, in säkularer Begrenzung, zwischen Robert und Giotto. Auch das für die Geschichte des Grals so wichtige Motiv der geistigen Führung ist schon eingangs da. Der Engel verkündet die Geburt Marias nicht weniger ausführlich, als er sich gegenüber Joseph von Arimathia um die Sukzession des Grales besorgt zeigen wird.

Die Gralsdichter haben eine ausgebreitete Kosmologie. In ihr nimmt Maria eine Schlüsselstellung ein. Am Anfang der Tage der Schöpfung widersetzte sich ein Teil der Engelwelt, der neidisch, böse und voller Sinnenbegierden war, der höchsten Trinität und wurde aus dem Himmel herabgestürzt. Die Gottheit schuf nun Adam und Eva, um mit dem Menschengeschlecht dereinst die Plätze, die durch den Absturz der Engel im Himmel leer geworden waren, wiederzubesetzen. So wie Robert weiß dies auch *Albrecht*, und dieser Dichter betont, daß nicht nur die Seelen, sondern auch die Leiber der Menschen dazu berufen sind, die Chöre im Himmel wieder zu füllen, welche die luziferischen Scharen aufgaben. (Titurel sagt es in *JT 6180 H, 6250 W.*)

Als die Hölle auch über die Menschheit Gewalt bekam, stieg der Sohnesgott zur Erde hinab und wurde Mensch. Maria wendet

Evas Fall, als Gottesmutter, wieder ins Gute. Christus steigt durch seinen Kreuzestod in die Hölle hinab und befreit die Menschen guten Willens. Der Gral, den er uns hinterließ, ist der Sonnenkeim im physischen Leibe jedes Einzelnen.

Durch Rudolf Steiner wissen wir, daß die bildhauerische Darstellung der Gottesmutter mit dem Leichnam des Sohnes im Schoß, die *Pietà* (Vesperbild), ein Gralsmotiv ist. Ströme von Andacht sind von da aus in die abendländische Menschheit ausgeflossen. Michelangelo hat seiner Pietà im Florentiner Dom auch den Joseph von Arimathia beigefügt. Bedeutsam erklingt am Eingang der «Geschichte des Grals» das Motiv der Gottesmutter.

7

Roberts ureigentliches Thema ist die Berührung mit dem physischen Leib des Herrn.

Zwei Antipoden bringt, unter den Zeitgenossen Christi Jesu, die Menschheitsentwicklung hervor: Joseph von Arimathia und Judas Ischariot. Finster reckt sich zunächst die Gestalt des Judas empor aus dem Jüngerkreise, die Gestalt dessen, der triebhaft handelnd, «aus Unwissenheit» seinen Herrn verrät. Joseph hingegen sitzt im Rate der Juden und trotzdem liebt er innig den Herrn. Auch ist er anwesend, als Judas, verräterisch gesinnt, beim Rate vorspricht.

Judas berührt dann den physischen Leib des Herrn mit verräterischem Kusse – Joseph wendet an den gleichen Leib die höchste Liebesmühe.

Das *Judas*-Problem ist im Zusammenhang mit dem Gral noch kaum ausschöpfbar. In Judas erfand sich die heilige Geschichte selbst ihr Fragezeichen. Quälend, peinigend steht es in der Schilderung Roberts de Boron vor uns da, verstärkt durch die eigenwilligen Züge, die der Dichter seinem Judas verleiht. Dieser Jünger begehrte für seine Dienste bei Jesus das Recht auf den Zehent von allen Geschenken, ein Recht, das er durch die Verschwendung der Salbe an Jesus geschmälert sieht. Er berechnet seinen Schaden mit 30 Silberlingen. Er verspricht den Juden, Jesus zu küssen, damit sie ihn von seinem Bruder Jakobus unterschieden, der ihm ähnlich sah.

Beim Abendmahl am Gründonnerstag, das nach Robert im

gleichen Raume wie jene Salbung, bei Simon dem Aussätzigen, stattfand, deutet Jesus an, daß Geheimnisse um Judas bestehen, die noch nicht enthüllt werden können:

> Ich darf euch nicht alles berichten, aber Eines will ich nicht verschweigen, daß derjenige, der mit mir ißt und trinkt, meinen Leib zum Tode verraten soll.[4]

Nun geht die Fußwaschung vor sich, von welcher Judas ebensowenig ausgeschlossen ist wie die anderen Jünger und zu welcher nach Albrecht bereits die Gralsschale dient. Denn Titurel sagt da, daß der Heilige Gral durch den Gebrauch Jesu zur Fußwaschung entstanden sei(*JT 6173/74 H, 6243/44 W*).

Da verläßt Judas seinen Sitz und geht in die Nacht hinaus. Es besteht eine fühlbare Parallele zwischen den abgestürzten Engeln, die ihre leeren Plätze im Himmel zurückließen, und Judas, dessen Platz nun auch leer ist. Wer wird *diesen* Platz einst wiederbesetzen, wenn nicht eine Gralstafel gestiftet wird?

Mit den Juden dringt der Verräter in den Abendmahlssaal, und als er Jesus geküßt und sie ihn gefaßt haben, ruft Judas noch obendrein mit einer gewaltigen Stimme:

> Haltet Ihn fest, denn Er ist wunderstark![5]

Wir finden bei Papst Gregor VII. (Hildebrand, etwa 1020–1085) eine Vorstellung vom Christusleben in Anwendung der vier apokalyptischen Tiere: «In den vier Lebewesen erscheint Christus. Alles ist er uns zugleich, der durch seine Geburt ein Mensch, in der Taufe ein Löwe, im Tode ein Stier, in der Auferstehung ein Adler geworden ist.» – Wenn nun Judas bei der Gefangennahme ruft: «Haltet Ihn fest, denn Er ist wunderstark!», dann ist es so, daß eine rohe Stiernatur in Judas selbst den heiligen Opferstier Christus zwingen will! Man sieht, es handelt sich um okkulte Kräfte, die da mitwirken.

Das große Interesse, das *Giotto* für die Judasgestalt hegte, hat Dr. M. von Nagy im Buche «Die Wandbilder der Scrovegni-Kapelle zu Padua. Giottos Verhältnis zu seinen Quellen»[6] nachgewiesen. Dieses Interesse teilt er mit dem französischen Gralsdichter.

Robert de Boron fährt fort: Nur weil die Juden in den Abendmahlssaal eindringen, ist es möglich, daß einer von ihnen das Gefäß, «worin Christus sein Sakrament gefeiert hatte»[7], an sich nimmt und dem Pilatus überbringt. Als dann nach Jesu Kreuzestode Joseph von Arimathia zweimal, wegen des Widerstandes der Juden, Pilatus um den Leichnam bitten kommt, schenkt ihm dieser, scheinfreundlich für geleistete Dienste, in Wirklichkeit aber, um des ihm anrüchigen Gegenstandes ledig zu sein, das Gefäß. «Ihr liebtet diesen Mann», sagt er dabei zu Joseph, und dieser antwortet dem, der nicht gewußt hatte, was Wahrheit ist: «Ihr habt die Wahrheit gesprochen!»[8]

Während nun Nikodemus dem Joseph bei der Kreuzabnahme Beistand leistet, sammelt dieser das neuerdings aus den Wunden fließende Blut in sein Gefäß, wäscht den heiligen Leib und bestattet ihn in seinem Felsengrab. Aber nach der Auferstehung verhaften die Juden den Jünger mit der Anklage, den Leichnam gestohlen zu haben, und werfen ihn ohne Verfahren in den tiefsten Turm Jerusalems. Das Gefäß konnte er indessen bei sich zu Hause verbergen.

In Pilatus ist die verständnislose Haltung des Römertums gegenüber Gralsfragen gekennzeichnet. Die Juden vertreten hier die direkte Gralsgegnerschaft. Aber indem sie die Not heraufbeschwören, schaffen sie zugleich die Bahn für das Wirken des Auferstandenen. –

Es fand der Christ die Schale
sich zum Gebrauche schmiegen.
O daß sie tausend Male
kostbarer wär', wie kann sie denn genügen
den hehren Händen, welche sie bequemen
zum Bade für die Füße,
das seine Jünger aus der Schale nehmen.

(JT 6173 H, 6243 W)

Es gibt noch eine Perspektive der Gralswissenschaft, auf die Rudolf Steiner am 17. April 1921 mit folgenden Worten hinweist: «Hinschauen müssen wir auf Saturn, Sonne und Mond, welche schon durchtätigt waren von der Menschenwesenheit, hinschauen müssen wir, wie die jetzige Gestaltung der Menschenwesenheit aus der Gestaltung der früheren Metamorphosen des Erdenplaneten entstanden ist, wie da schon die menschliche Gestaltung ebenfalls in früher Phase tätig war. Den Menschen müssen wir erkennen in der Welt, und aus dieser Erkenntnis des Menschen in der Welt wird auch wiederum ein Verständnis hervorquellen können des Mysteriums von Golgatha.»[9] – Wie in allen diesen

Gestaltungsvorgängen der *Gral* schon drinnen gedacht werden kann, das verfolge man zum Beispiel an den drei *Gesten*, mit welchen der Christus bei Robert de Boron das Gralsgeschehen inauguriert: Fußwaschung, Mahl, Überbringung des Gefäßes.

Man versetzt sich zurück an den Anfang der physischen Erdentwicklung nach der Schilderung der «Geheimwissenschaft» und erblickt als deren Urform beim Menschen jenen Wärmebecher, der durch die Berührung des noch im Geistig-Seelischen des Umkreises befindlichen Menschen mit der Feuererde, wie der zur Eichel gehörende Becher, entsteht. Dabei nimmt die Empfindungsseele die Geister der Persönlichkeit in der Wärme wahr. – Während der dann folgenden Eingliederung der Luft in den Erdenplaneten nimmt die Verstandesseele die Erzengel in Tönen wahr, und während der Eingliederung des Wässerigen ist es die Bewußtseinsseele, welche die Engel im Lichte wahrnimmt. Der Sonnenaustritt gestaltet die Urform des Menschen um, deren Funktion als Wahrnehmungsorgan durch die Aufnahme von Atmung (Luft) und Ernährung (Wässeriges) erweitert und vermannigfaltigt wird. Die Rhythmen des kosmischen Lichtes regeln das Fortpflanzungsleben.

Etwas wie eine Erinnerung an diese drei kosmischen Werdestufen klingt auch in den drei erhabenen Gesten der Grals-Aktivierung nach: Fußwaschung, Mahl und Überbringung des lichtstrahlenden Gefäßes. Die Fußwaschung entspricht dem Wärmebecher. Beim Abendmahl ist die Nahrungsaufnahme von den Tönen durchwogt, welche die Jünger singen; ihre Hymnen erwähnt das Markusevangelium («hymnesantes», Markus 14,26), ja in den apokryphen Johannesakten werden sie mit einem Reigentanz in Verbindung gezeigt.[10] In einem Gedicht von Albert Steffen[11] finden sich dazu die beiden folgenden Terzinen:

> In dem Hauch des Himmelsgrußes
> hört das Herz die Sonnenlaute,
> die der Jüngerkreis gesungen.
> In dem roten Saft der Trauben
> schmeckt der Mund die heilige Zehrung,
> die der Auferstandne spendet.

Die Überbringung des lichtstrahlenden Gefäßes bei Robert de Boron bedeutet dann die Grals-Fortpflanzung.

8

In der Dichtung Roberts de Boron gibt es Stellen von einer hörbaren, wunderbaren Stille. Wir lernen sie kennen, als der Auferstandene, Licht erstrahlend, Joseph im finstern Turme besucht und ihm das Gefäß mit seinem Blut, das Geheimnis seiner innigen Ich-Verbundenheit, bringt.

> *Der Auferstandene:*
> Keinen meiner Jünger habe ich mitgenommen, weißt Du weshalb? Es weiß doch keiner von der großen Liebe, die ich von jenem Tage an zu Dir hege, an dem Du mich vom Kreuze abnahmst, und hast darob keinen eitlen Ruhm in dir aufkommen lassen. Keiner kennt Dein treues Herz, außer Dir und dem geistigen Gott. Du hast mich heimlich geliebt und ich Dich ebenso in aller Gewißheit. Unsere Liebe wird offenbar werden und jeder wird sie erfahren können ...
> *Joseph:*
> O Herr und Gott, bin ich denn so würdig, daß ich ein so kostbares Gefäß hüten kann und darf, worein Ihr Euer heiliges Blut strömen ließet?
> *Der Auferstandene:*
> Du sollst es mir hüten und auch die, denen Du es anvertrauen wirst.

Knieend empfängt Joseph die Schale. Jetzt, in Verbindung mit geheimen Worten, darf vom Grale *gesprochen* werden. Wir erleben die Geburtsstunde der *Gralspoesie*.

Der Gral vermittelt die stete Gegenwart Christi im Worte. Er muß daher von Robert in Parallele zum Meßopfer gesetzt werden, das auf eine andere Weise diese Gegenwart anzeigt. Der Erkennende würde im Meßopfer ein Abbild derselben geistigen Realität erblicken können, deren wir im Gral unmittelbar teilhaftig werden. Es heißt deshalb unter anderem von den Meßgeräten:

> *Der Auferstandene:* Dies Gefäß, worein Du mein Blut fließen ließest, als Du es aus meinem Leibe auffingst, wird Kelch genannt werden. Die Platte, die darauf liegen wird, soll den Stein bedeuten, der

über mir versiegelt wurde, als Du mich in das Grab gelegt hattest. Das sollst Du alle Tage wissen ...[12]

Auf dem großen Kreuzigungsbild in der Paduaner Kapelle schweben zehn Engel in äußerster Seelenbewegung an die Balken des Kreuzes heran. Drei von ihnen fangen das Blut aus den Wunden des Gekreuzigten in goldenen Kelchen auf. Auf dieses als Gralsmotiv zu bezeichnende Geschehen weist M. von Nagy in ihrem erwähnten Buche hin und ergänzt dies mit der Bemerkung, daß Giotto französische Gralsgedichte gekannt haben müsse. – Die Identifikation des Grales mit dem Kelch hat man dann in dieser Art auch auf dem Kreuzigungsblatt in Albrecht Dürers Großer Holzschnittpassion.

Als ein bemerkenswertes Ergebnis zeigt es sich, daß im Geistesleben Robert anregend wirkt für die plastische, Chrestien für die malerische und Wolfram für die musikalische Kunst bis zu Richard Wagner, ja, auch noch darüber hinaus: für die Verkündigung der Erkenntnis im Worte (siehe «Trevrizent»). Dieser Aufstieg in den Wirkungen des Grals geht mit der inneren Entwicklung des Grals durch die Zeiten konform und zeugt im einzelnen von der Lebendigkeit der Gralsmotive. Denn es liegt auf der gleichen Linie, wenn bei Giotto das Gefäß Roberts zum Goldkelch metamorphosiert und somit von der ersten Stufe der Gralsentwicklung auf die zweite emporgehoben ist. Ja, daß es sogar vervielfältigt, verdreifacht erscheint, das ist eine ganz unmittelbare Gralskonzeption aus dem echten Geiste der zweiten großen Periode (Kap. 3).

So ist also der Gral nicht nur ein für die Sage, sondern auch für Kunst, Religion und Wissenschaft geprägter Bildbegriff von höchster geistiger Aktualität. Der Messekultus ist das physisch-wirksame Abbild einer ebensolchen geistigen Tatsache. Nicht auf die Verwechslung der beiden verschiedenen Wirklichkeitsformen in der Forschung kommt es an, sondern auf das Aufsuchen des ihnen gemeinsamen Hintergrundes. Kontroversen heben sich durch die Natur des Gegenstandes selbst auf. Hier liegt eine christliche Aufgabe. – W. J. Schröder[13] versuchte neuerdings eine Identifizierung von Gral und Eucharistie. Dagegen bemerkt Samuel Singer[14], der von einer «fast feindseligen Ignorierung durch die Kirche» spricht, daß die Gralssymbolik von der Kirche im Mittelalter niemals anerkannt wurde.

9

Joseph von Arimathia wird nicht etwa, wie in der Apostelgeschichte Petrus durch den Engel, durch Christus aus dem Kerker befreit. Er soll in der Not ausharren. Die Not ist stets eine reale Grals-Voraussetzung (-Prämisse). Parzival sagt zu Trevrizent:

> Meine höchste Not ist um den Gral (*P IX 467, 26).*

Und Robert läßt den Gott sagen:

> Ich war bei meinen Freunden und bei meinen Feinden; solange aber keine Not damit verbunden ist, hat es keine Bedeutung.[15] –

Wie die alten Meister in einer Ecke ihrer Tafelbilder öfters ihr Selbstporträt anbringen, so glauben wir in ähnlicher Art ein Ebenbild Meister Roberts in dem namenlosen Pilger zu erblicken, der jetzt aus Jerusalem nach Rom kommt, um dort in einer Herberge vom Leben und Sterben des Heilandes, wovon er Augenzeuge gewesen war, zu erzählen. Man führt ihn hierauf zum Kaiser Titus, dem er die Heilung seines aussatzkranken Sohnes Vespasian (in der Weltgeschichte war umgekehrt Titus ein Sohn Vespasians) verspricht, wenn man nur dem Kranken einen Gegenstand, den der Heiland unmittelbar berührte, verschaffen könne.

Dieser anonyme Pilger tritt nur einen Augenblick lang vor die Rampe des Welttheaters, und doch bewegt seine Anrede die Weltgeschichte. Ja, er läßt sich sogar zu Rom für die Wahrheit seiner Aussage so lange ins Gefängnis setzen, bis die Gesandten Roms die fromme Veronika ausgekundschaftet und sie mitsamt ihrem Schweißtuch in die Hauptstadt gebracht haben. Die Zeugenschaft des schwachen Menschen für die große Sache spiegelt sich in dieser rührenden Romangestalt. – Das ihm auf dem Schweißtuch vorgewiesene Bildnis Christi heilt augenblicklich den Kaisersohn. Abgesondert von aller Welt saß er bis dahin im Turme.

Immer besagt der *Turm*, in dem der Mensch sitzt: Der Mensch wird auf sich selbst verwiesen, als Sinnender, der sich von der Welt abschließt, aber auch den Christus innerlich aufnehmen kann. Joseph von Arimathia, der Kaisersohn, der Pilger – alle drei sitzen sie im Turme.

Das Schweißtuch, in das Christus physisch sein Antlitz drückte, ist von dessen physischem Aspekt her gesehen, ein Gegenstück zum Heiligen Gral.

In dem Heiden Vespasian wirkt noch chaotisch, unbewußt das Sohnesprinzip, deshalb ist er der «Sohn». Inständig bittet er seinen Vater, ihm eine Strafexpedition gegen die Juden auszurüsten, die den Heiland getötet haben. Als kaiserlicher Feldherr und Richter betritt er mit seinem Heer Jerusalem und hält über die Juden Gericht. In lärmenden Gerichtsszenen überführt er sie mit verblüffender Verstandesschärfe ihrer Schuld an Jesus. Dreißig ihrer führenden Häupter werden, zum Gedächtnis an die 30 dem Judas ausbezahlten Silberlinge nach römischer Art an die Schweife von Pferden gebunden und zerrissen.

Dabei erinnerte sich ein Jude des längst vergessenen Joseph von Arimathia im Kerker. Augenblicklich läßt sich Vespasian in das finstere Verlies abseilen. Wohlbehalten tritt ihm aus einem Lichtesschein Joseph mit den Worten entgegen:

> Vespasian, sei willkommen!
> *Vespasian* (erstaunt): Wer hat dir meinen Namen genannt?
> *Joseph*: Der, der die ganze Welt belehrt hat.[16]

Der Kaisersohn, vom Gralshüter über das Böse in der Welt belehrt und bekehrt, wird weiter von ihm an die Kirche Christi verwiesen.

10

Joseph, der von den Juden im Verlies Vergessene, den der Kaisersohn selbst durch ein Wunder am Leben erhalten fand, liest aus den die Zerstörung Jerusalems Überlebenden eine kleine Schar aus, für die er Verzeihung erlangt (wohl die erste christliche Handlung Vespasians). Diese, darunter sein Schwager Bron (Hebron) und seine Schwester Enygeus (Eugenie) ziehen mit ihm, unter Zurücklassung ihrer Güter, in ein fernes Land. Da weilen sie lange und treiben Ackerbau, bis eines Tages eine Hungersnot ausbricht. Ein moralischer Mangel muß vorliegen, daß die Erde unfruchtbar wird! Bestürzt wenden sich die Leute an Joseph, den nunmehr christlichen Ratsherrn, um Rat!

> Joseph trat vor sein Gefäß, kniete weinend nieder und sprach: ‹O Herr, so wahr ich Dich im Leben

sah und auch im Tode, so wahr ich Dich nach dem Tode wieder lebend vor mir stehen sah, als Du dort im Turm, wo ich eingemauert war, mit mir sprachst, wo Du mir so große Güte erwiesest und dort, o Herr, mir befahlst, als Du mir dieses Gefäß brachtest, ich solle jedesmal, so oft ich Hilfe von Dir begehrte, vor dieses kostbare Gefäß treten, worin Dein glorreiches Blut enthalten ist; – so bitte ich Dich und flehe zu Dir, Du mögest mich beraten in der Frage, die diese Leute stellen. Es fehlt ihnen an Brot und Fleisch, – rate mir, damit ich nach Deinem Belieben handeln und Deinen Willen erfüllen kann.›
Da sprach die Stimme, die vom Heiligen Geist kam, zu Joseph: ‹Joseph, nun entsetze dich nicht! Du hast keine Schuld an diesem Übel.› –
‹O Herr, so dulde denn durch Dein Mitleid und Erbarmen, daß ich alle, die gesündigt haben, aus meiner Schar ausscheide.›
‹Joseph, das sollst du keineswegs tun; sondern ich befehle dir etwas, das groß in seiner Bedeutung sein wird: Du sollst Dein Gefäß mit meinem Blute nehmen und es offen als Probe vor die Sünder hinstellen, dies Gefäß ganz unbedeckt. Erinnere Dich ... Du weißt wohl, daß ich bei Simon zu Tische saß, wo ich aß und trank. Im Namen dieser meiner Tafel begründe du eine andere und lasse sie Dir herstellen. Und wenn Du sie aufgestellt hast, sollst Du deinen Schwager Bron berufen. Bron, Dein Schwager, ist ein guter Mann, von ihm wird nichts als Gutes kommen. Heiße ihn an jenes Wasser dort gehen und einen Fisch suchen und fangen; den ersten Fisch, den er fangen wird, soll er Dir alsbald bringen. Und weißt Du, was Du mit ihm machen sollst? Du sollst ihn auf diese Tafel legen. Nimm dann Dein Gefäß und stelle es auf die Tafel, dahin, wo es Dir am besten gefällt! Es soll aber ganz genau in der Mitte stehen ... Und hast du all dies getan, sollst du dein ganzes Volk berufen.›[17]

Joseph von Arimathia *lebt* in der «physischen Erinnerung»

(Kap. 3). Der Geist führt ihn durch Jesu Stimme zurück zum Letzten Abendmahl: Er soll es zur gegenwärtigen Tat werden lassen.

Was bedeutet es denn, wenn das Abendmahl «Urbild und Endziel des Tuns im Gemeinschaftserleben» wird, wie dies Albert Steffen in «Gegenwartsaufgaben der Menschheit»[18] auch für die heutige Zeit als notwendig erachtet? – Hier begegnet sich etwas von seiten des Christus mit etwas von seiten der Menschengemeinschaft. Die Taten und Leiden des Christus durchdringen sich mit Taten und Leiden der Menschen. Der Heilige Christ hat die Seinen mit seinem Leib und Blut gespeist. (Das Bewußtsein davon entbehren zunächst die Leute Josephs, denen es «an Brot und Fleisch» fehlt.) Christus hat sich in die Seinen zerstückt, er hat ihre Sünden auf seinen eigenen Leib genommen. «Zum Ablaß aller Schulden wurden sie gespeiset», singt Albrecht von Scharfenberg *(6169 H, 6239 W)*. Das begründet eine Solidarität unter allen Menschen. Dem Menschen ist eine neue Würde, die Würde des Dienens für das Ganze übertragen (das zeigt ebenso die Fußwaschung, wie der Fischfang des Bron). Er wird fähig, im Dienste eine Verantwortung für sich wie für das Ganze zu tragen. Wer nicht durch ein schöpferisches Bekenntnis zu sich selbst dies zu leisten vermögend ist, muß trotzdem durch das Band der Solidarität gehalten werden. Er kann in bezug auf sich selber ruhen, er kann sogar sich selber vernichten, aber von der Tat des Christus, die auch für ihn geschehen ist, sich ausschließen, das kann er nicht. Urbildlich schildert Robert den ersten Gralsdienst.

Die Tafel war ganz voll besetzt, außer dem Platz, der nicht besetzt werden konnte – der nach Judas offengehaltene Platz.

> «Diejenigen, die beim Mahle saßen, empfingen unverzüglich die Süßigkeit und Erfüllung ihrer Herzen von Grund auf. Und die die Gnade verspürten, vergaßen ganz und gar der anderen, die nichts davon hatten. Einer von denen, die sich gesetzt hatten, der Petrus genannt wurde, schaute zur Seite, erblickte diejenigen, die stehengeblieben waren, und bat sie in aller Demut und fragte: ‹Um Gottes Liebe willen, nun saget mir die Wahrheit, könnt ihr nichts von dem Guten, das wir empfinden, fühlen und wissen?› Diese antworteten: ‹Nichts haben wir davon.› Hier-

auf sprach Petrus zu ihnen: ‹So darf denn keiner daran zweifeln, daß ihr mit jener häßlichen, leidvollen Sünde befleckt seid, nach der Ihr Joseph fragen ließet und durch die Ihr die Gnade verloren habt.› Da verließen sie das Haus ob der Scham, die sie empfanden.»[19]

Durch die Sünde haben sich diese Menschen zwar um den Gral gebracht, der Gral kann ihnen nicht erscheinen, sie müssen vom Grale getrennt werden. Aber durch das Hinausgewiesenwerden und trotzdem Sehen dessen, was sich an den anderen offenbart, können sie die Kraft entwickeln, um den Gral einmal in der Zukunft zu erringen, und dann werden sie ihn auf einer höheren Stufe haben als diejenigen, die ihn bloß anschauen. Das läßt ihre Schuld als Mittel zum Fortschritt bewerten.

Alles kommt darauf an, den Anteil des einzelnen am Grale zu bestimmen. Albrecht von Scharfenberg drückt dies, als einen Zustand für die Dauer, so aus: Der Gral speiste jetzt zwar niemanden mehr (die Tat Christi beim «letzten» Abendmahl ist als solche unwiederholbar, die Gralsspeise bei Chrestien ist etwas anderes, nämlich eine Erkenntnisspeise), aber er zeigte die *Namen* derjenigen an, die im Lande sündigten; deren Hände wurden mit einer Wunde durchschlagen, die nur durch Reue heilte. – Wer zu einem schöpferischen Bekenntnis seiner selbst nicht fähig ist, wird ein schuldhafter Teilnehmer an Christi Kreuzestode. Aber Reue, also auch die Reue des Judas, als tätige Reue, heilt die Wundenmale.

11

Daraus gebiert sich eine bedeutungsvolle Situation. Aus der Scheidung entsteht die *Gralsfrage*. Diejenigen, die hinausgewiesen worden waren, fragten jetzt häufig die von drinnen um die Bedeutung des Gesehenen und Geschehenen. Zwei Hauptfragen kristallisierten sich heraus.

> *Die Verworfenen* fragen erstens:
> Dies Gefäß, das wir eben gesehen haben, war uns nie vorher gezeigt worden; wir wissen nicht, was das sein kann, so sehr wir uns auch darum bemühen mögen.
> *Die Begnadeten* antworten:
> Durch dieses Gefäß sind wir von Euch geschieden; denn es hat mit keinem Sünder Verkehr in Liebe und Gemeinschaft; das könnt ihr wohl genau sehen.
> *Die Verworfenen* fragen zweitens:
> Und welches wird der Ruhm des Gefäßes sein, das Euch so überaus wohlgefällt? Sagt uns an, wie nennt man es, wenn man es bei seinem Namen nennt?
> *Die Begnadeten* antworten durch ihren Sprecher Petrus:
> Das gedenke ich nicht zu verheimlichen: wer es recht nennen will, soll es mit Fug und Recht GRAL nennen.[20] (Hervorhebungen vom Verfasser)

Auf ihre erste Frage nach dem *Wesen* des Grales erfahren die Verworfenen nur, daß sie von diesem Wesen getrennt sind, weshalb sie auf ihre Selbsterkenntnis verwiesen werden. Dann fragen sie aber nach dem *Namen* des Grals, und dieser wird ihnen bereitwillig gesagt. Denn sie wollen, auch wenn sie scheiden, den Ruhm des Grals in aller Welt verkünden, und dazu brauchen sie wenigstens den Namen. Im Besitz seines Namens sind sich alle einig.

Wie müssen diese Fragenden denn beurteilt werden? Sie haben ohne Zweifel vor den Bleibenden, welche ohne Frage den Gral genießen, besondere Aufgaben voraus. Sie können als die Träger der intellektuellen Entwicklung angesehen werden. Ohne ihr lebhaftes Erkenntnisbedürfnis würde der Gral zwar genossen, aber niemals begriffen werden können. Für den Gral als solchen ist es charakteristisch, daß er aus seiner eigenen Entwicklung die Frage hervortreibt. Dies ist das Element, durch das auch Parzival geprüft wird. Es ist zuletzt die Frage nach dem Sein der ewigen Individualität selbst. Bei Parzival ist es zwar so, daß sein ewiger *Name*, dank einer besonderen biographischen Gnade, am Gral angeschrieben wird; aber er regiert den Gral, so betont dies Albrecht, nur zehn Jahre, zur Strafe, weil er nicht gefragt hat. Der Dichter des «Jüngeren Titurel», Albrecht, nimmt aber nun gegen 1270 – man bedenke, unmittelbar nach dem Tode des Thomas von Aquino (1225–1274) – den *Aristoteles* in den Bereich der Gralsfrage hinein, weil mit seinen Kategorien die Entelechie verstanden werden kann (siehe die Kapitel 55–57). Er tut dies als echter Vertreter des Grals. Damit erscheint die Frage, mit welcher auf den Lippen Thomas stirbt: «Wie wird das Denken christlich gemacht?»[21] – als *echte* Gralsfrage ihrer Zeit.

12

Ein Mann mit Namen Moses ist unter den Hinausgewiesenen, der weint und sich kummervoll gebärdet. Er will unter gar keinen Umständen scheiden und wird im Gegenteil nicht müde, sich mit Verstandesgründen als Würdigen hinzustellen, bis er mit wohlgesetzten Reden die Würdigen überzeugt und sie Fürbitte bei Joseph von Arimathia für ihn einlegen. Umsonst warnt Joseph ihn, er werde, zum Gralsdienst zugelassen, sich selbst verraten – eine Anspielung auf Judas, der den Herrn verriet. Als die Versammlung schon ihre Plätze eingenommen hat, umkreist Moses unruhvoll die Runde und läßt sich schließlich auf dem einzigen leeren Sitz, demjenigen des Judas, nieder. Da geschieht augenblicklich das Entsetzliche: Moses wird von der Erde verschlungen.

So mag sich die Gralsgegnerschaft der Juden in Moses wiederholt haben, denn gute Absichten hatte er gewiß nicht! Gezeigt soll auch werden, wie das mosaische Gesetzesdenken, welches aber die Frageentwicklung verschmäht, nicht zur Spiritualisierung kommen kann. Ein Besonderes offenbart das Scheitern des Moses am Judassitz.

Während für die Umwandlung des mosaischen Denkens ins

christliche Rudolf Steiner in einem Vortrag (6. März 1910)[22] zeigt, wie in der Mystik des Mittelalters ein in das Christliche gewendetes Mosestum aufersteht – Albrecht weiß das (*JT 332 H, 350 W*) –, muß für das Problem des Judassitzes, um das Scheitern eines Mannes daran ins Gute zu wenden, die Prädestinationslehre des Augustinus überwunden werden. Diese verkündet die Teilwahrheit, daß jeder Mensch zum Guten oder Bösen vorbestimmt ist, bezieht sich aber, wie Rudolf Steiner – ein schweres Rätsel lösend – zeigte, nur auf den physischen Leib.

Robert de Boron versetzt sich in das voraugustinische Zeitalter zurück. Er will zeigen, wie derjenige, der sich zu den Kräften des Grals bekennt, die Vorbestimmung zum Bösen im physischen Leibe überwindet. Und er zeigt das am Problem des Sitzes, der «zur Erinnerung» an Judas leer gelassen werden soll. Es ist, als ob der Dichter über das «physische Erinnern» in seinem Gedicht verfügte. An dem einzigen erhaltenen Judaswort zu Christus «Sagt Ihr das für mich allein?» macht er sich die Judasgestalt, die Judasgeste lebendig. Judas hockte allzutief auf seinem Sitz. Sitz ist physische Stütze für den ruhend-tätigen Menschen. Des Judas' Geistiges war von seiner Physis gefesselt. Einen solchen Sitz aber aufgeben, bedeutet die Erringung eines leibfreien Bewußtseins ermöglichen.

Den gleichen Sitz leer lassen, wie der Geist dies befiehlt, heißt, die durch Judas gestellte Aufgabe aufrecht erhalten. Die Erwerbung leibfreier Gedanken und Gefühle bildet den Anfang zur Überwindung des Zwanges der körperlichen Konstitution. «Warum sollte es nicht sein können, daß eine Individualität sich verleiblicht in einem Körper, der nach seiner ganzen Konstitution zum Bösen bestimmt ist? Der Mensch kann ja trotzdem drinnen gut sein, weil die Individualität nicht mehr in einem intimen Zusammenhang mit der Körperlichkeit ist» (Rudolf Steiner, Vortrag vom 7. Okt. 1917).[23]

Ein solcher Mensch wird, nach Robert de Boron, den leergelassenen Sitz wieder einnehmen können, dann besitzt er ihn aber anders, auf einer höheren Stufe.

Hier liegt auch die Möglichkeit der Aufhebung der in der Gemeinsamkeit mit allen Menschen zum Bewußtsein gekommenen individuellen Schuld – denn sie besteht selbstverständlich als solche. Dazu seien einige Worte Albert Steffens angeführt: «Was ein Mensch getan hat, seine Vergangenheit, ist zwar unabänderlich, nicht aber der Wert, den die Tat erhält, die von der Gegenwart bestimmt werden kann und so ihren Sinn für die Zukunft erhält; und so ist es im Grunde mit der ganzen Geschichte, die aus den Taten einzelner Persönlichkeiten zustande gekommen ist und durch diese selber, wenn sie wieder geboren werden, ihr Ziel erhält. Demgemäß kann zum Beispiel *Judas* seine Tat, die so ungeheure Folgen gehabt hat, von dem Baum aus, an dem er seinen Körper erhängt hat, für alle Gottesmörder zum Heil werden lassen, indem er sie von dem Selbstmord, dem sie zu verfallen drohen, zu der Gnade des Erlösers führt. Dazu gehören aber die wiederholten Erdenleben. Und vor allem das aufzuhebende Gesetz der Prädestination, des (wie es so vielfach erscheinen kann) zur bösen Tat bestimmten physischen Leibes, denn das Ich, das dabei wirkt, ist von Christus für die ganze Menschheit gerettet worden, also auch das des Judas. Sogar Judas erliegt nicht mehr der Prädamnatio, sondern darf nun miterlösen. – Das konnte Augustin noch nicht, wohl aber vermag es Parcival. – Gespräch zwischen den Entelechien beider – als Peripetie des existentiellen Dramas kat' exochen.»[24]

Nicht diejenigen Quellenforschungen also, welche die Geisteshaltung Parzivals (bei Wolfram von Eschenbach) aus der Theologie des Augustinus heraus erklären wollen, können zum Ziel gelangen, sondern das vermag erst die Frage des Thomas von Aquino nach der Spiritualisierung des Denkens: «Wie wird das Denken christlich gemacht?» – gegenüber der Prädestinationslehre.

13

Robert erhebt Anspruch auf den Rang einer Menschheitsdichtung. Daher kann es den in Menschheitsdinge Einblickenden schmerzen, wenn er sieht, wie ein Teil der Gralsversammlung vor Seligkeitsempfinden des anderen Teiles vergessen kann, der «nichts davon hat». Nur Petrus blickt zur Seite und sieht die anderen stehen, um ihnen dann aber mit den übrigen Begnadeten zu sagen: «Durch dieses Gefäß sind wir von Euch geschieden.»[25] Robert, der bestimmte Tendenzen in der christlichen Entwicklung beobachtet, schreibt dies nur wenige Jahre vor dem 2. Laterankonzil, 1215, nieder, wo die petrinische Kirche dekretiert: «Es gibt nur *eine* allgemeine Kirche der Gläubigen und außerhalb ihres Bereiches wird durchaus niemand selig.»[25a]

Wir sahen indessen, wie der Fortschritt bei den Verworfenen liegt. Robert weiß, daß der Gralsdienst noch manche Veränderungen durchmachen muß, bis er jene Verinnerlichung erreicht haben wird, die dem Mysterium angemessen ist. Der Schwellenübergang Josephs von Arimathia, zu dem sich dieser noch vor seinem Tode anschickt, leitet eine Reihe neuer Entwicklungen ein. Petrus selbst nimmt an einer solchen teil. Robert läßt ihn eines Tages, unter einer Lichterscheinung, einen himmlischen «Brief von oben» empfangen, der ihm aufträgt, die Gemeinschaft zu verlassen und sich in einer Gegend des westlichen Abendlandes als Eremit niederzulassen. Da soll er warten, bis der künftige Erbe des Grales den noch ungelesenen Teil seines Briefes entziffert. Eine Wandlung ist darin angebahnt. Der einstige Petrus wird zum Träger der Wissenschaft des Grals berufen. Er wird als Lehrer des Grals, als Trevrizent wiederkehren, wenn sich die Epistel in das Epitaph, in die Botschaft aus dem Reich der abgeschiedenen Hüter des Grals verwandelt haben wird.

Der Schwellenübergang Josephs von Arimathia verlegt den Schwerpunkt der künftigen Gralswirkungen in das Leben zwischen Tod und neuer Geburt, in dem sich die Seelen, die den Christus aufgenommen haben, fortentwickeln. Zwei verschiedene Typen von Seelen bilden sich heraus, solche, die, wenn sie auf Erden erscheinen, mit dem Grale mehr durch ihre Präexistenz verbunden sind, und andere, die sich in ihrem Erdenleben auf die postexistente Hut des Grales vorbereiten.

In diesem Augenblick tritt der Engel leitend in die Geschicke des Grals ein. Joseph, der sich direkt an ihn wendet, empfängt seine Weisungen von ihm.

Alain bekommt den Gral zu Gesichte *vor* seiner Erdenreife. Er repräsentiert den ersten Typus. Er wird, als Josephs Neffe, von diesem, der sich auf den Tod vorbereitet, in den Dingen des Grales unterwiesen, bevor er den Schauplatz seines künftigen Wirkens im westlichen Abendlande bezieht. Ein Zahlengeheimnis, das mit seiner Eigenart verknüpft ist, weist auf den eigentlich kosmischen

Standort dieser Seele hin. Er ist der *eine* von den zwölf Söhnen des Bron, der sich lieber schinden lassen würde als eine Frau nehmen; so sagt er. In seinen Gesichtszügen drückt sich eine gewisse Reserve vor dem materiellen Leben aus. Er hat eine durchschimmernde, helle Haut. Aber zum Unterschiede vom geschundenen Marsyas, bei dem es sich nach Rudolf Steiner um ein griechisches Kind gehandelt hat, das ohne Haut geboren wurde, weil es sich, wie man sagte, vor der Geburt den harmonisierenden Kräften Apollons widersetzte[25b], hat Alain (Alanus) aus seinem vorgeburtlichen Anschauungsunterricht – Joseph von Arimathia zeigt ihm den Gral zu seiner dauernden Beeindruckung – die harmonisierenden Kräfte des Grals durchaus in sich aufgenommen.

Von der Art dieses Typus wird auf Parzival, den künftigen Erben des Grals, etwas übergehen. Jedenfalls bezeichnet Robert diesen als einen «Sohn» Alains, auch wenn er es offen läßt, wie er heißen wird.

14

Man muß diese Entwicklungen so verstehen, daß sie sich unter der Engelführung vollziehen.

Bron soll unmittelbar *nach* dem Tode Josephs von Arimathia den Gral bekommen. Seine Grals-Existenz hängt in dieser Art an der Vorbereitung auf das Leben nach dem Tode (zweiter Typus).[25c] In dieser Art war er schon zu Lebzeiten Josephs von Arimathia dessen Stellvertreter. Ihm war aufgetragen worden, den Fisch für die Gralstafel zu fangen, wodurch sich an seine Sohlen die Zukunftsentwicklung des Christentums heftet.

Der unsichtbare Leiter dieser Menschheitstafel, der die Sitze anordnet, Christus, sagte zum Vorsitzenden der Versammlung, zu Joseph:

> Sobald Du dann Dich an die Stelle gesetzt, wo ich beim Letzten Abendmahle saß, so setze Du Bron zu Deiner rechten Hand: dann wirst Du ganz offenbar sehen, daß Bron genausoviel zur Seite weichen wird, wie ein Mann Raum einnimmt. Dieser leere Sitz bedeutet den Platz des Judas ...[26] Und dieser Platz des

> Judas selbst wird nicht besetzt werden vor dem Tage des Gerichtes, den alle Menschen noch erwarten. Du selbst würdest ihn einnehmen, wenn Du die Erinnerung an Deinen Tod berichten würdest.[27]

Was für urbildliche Verhältnisse! Den Ehrenplatz zur Rechten des Leiters der Tafel, auf welchem man sich beim Letzten Abendmahl den Jünger, den der Herr liebhatte, denkt, wird frei, weil der Stellvertreter nach rechts abrückt und den Platz «in *Erinnerung* an Judas» frei hält. Bron, der also die Rolle des Johannes hat, rückt gegen die Zukunft hin ab, um *zwischen* der Begründung des Christentums und seiner eigenen Zukunft eine Epoche offen zu halten, in welcher Judas durch Parzival ersetzt wird.

Nimmt man dieses als kosmisches Bild im Sinne des Ganges der Christus-Sonne durch die zwölf Tierkreisbilder, dann nimmt Bron mit seiner urbildlichen Handlung des Abrückens die zukünftige Kulturepoche für sich in Anspruch, welche Rudolf Steiner die sechste Kulturepoche nennt; während sich in der Epoche, in der wir leben, deutlich wahrnehmbar in allen Ereignissen sich einerseits das Judasschicksal, anderseits die Nachfolge Parzivals in der Menschheit offenbart.

Perceval

(Chrestien de Troyes)

15

Im Prolog zeigt Chrestien de Troyes, wie er seine Gedanken aus dem Lebendigen nimmt:

> Wer wenig sät, der erntet wenig; wer aber etwas ernten will, der streue seine Saat in einen solchen Boden, der ihm hundertfältige Frucht bringen kann; denn in einem Acker, der nichts taugt, vertrocknet und versagt die gute Saat. Chrestien sät und streut den Samen eines Romans, den er beginnt, und er streut ihn in einen so guten Boden, daß es ihm nur zu großem Nutzen sein kann; tut er es doch für den edelsten Mann, der im Römischen Reiche lebt, für den Grafen Philipp von Flandern ...[1]

An seinem Auftraggeber lobt Chrestien dessen Nächstenliebe und Milde. Die Gralsoffenbarung ist also eine Tat der Nächstenliebe.

Percevals Wanderung beginnt im *Frühling*.

> Es war zur Zeit, da alle Bäume blühen, die Wälder sich belauben, die Wiesen in frischem Grün prangen, und die Vögel in ihrem Latein am Morgen süß singen, und jedes Ding vor Freude flammt, da erhob sich der Sohn der Witwe im öden, einsamen Walde, und er legte ohne Mühe den Sattel auf sein Jagdroß und nahm drei Wurfspeere zur Hand. So verließ er das Haus seiner Mutter und dachte, er würde die Feldarbeiter aufsuchen, die seine Mutter hatte und die ihr eben den Hafer eggten; sie hatten wohl zwölf Ochsen und sechs Eggen.

Hier im Anfang will der Knabe die Landarbeiter aufsuchen, die säen und mit zwölf Ochsen das Landstück seiner Mutter eggen. Man erinnert sich, wie auch schon die Leute Josephs von Arimathia Ackerbau trieben. Von Anfang an kreist das junge Gemüt um die Geheimnisse der Erde. Sie bringen es in Bewegung.

Zunächst läßt Chrestien seinen Perceval am Urvorgang eines Erkenntnisprozesses teilnehmen. Gewiß ist, daß alle Erkenntnis seit Aristoteles von den Sinnen ausgeht. Die *fünf* Ritter, denen Perceval im Walde begegnet, schärfen in der Verfolgung dreier Jungfrauen ihre fünf Sinne. Perceval wird ihrer zuerst durch akustische, später durch optische Eindrücke gewahr. Aber von seiner Mutter mit spirituellen Gedanken auferzogen, erinnert ihn das klirrende Klangliche an untermenschliche, das strahlend sichtbar Werdende an übermenschliche Wesen. Zwischen Hölle und Himmel schwankt der Knabe. Wehren will er sich und beten. Der Gehörsinn ist mehr mit dem Willen, der Sehsinn mit dem Denken verwandt. Aber die Farben sind es, die beruhigend auf sein Fühlen wirken.

> ...wie er das Grün und das Purpurrot gegen die Sonne leuchten sah und das Gold und Azur und das Silber, da wurde ihm gar wohl und freudig zumute ...[3]

Der Weg der Sinne weist in die Richtung nach innen, wo die *Fragen* entspringen. Die fünf Ritter sagen, daß sie Jungfrauen nachjagen, die von anderen fünf Rittern entführt worden sind. Entführung ist ein Verbrechen, Freiheitsberaubung. Die Sinne zu zügeln, so daß sie sich nicht von den räuberischen Überfällen der Triebe beherrschen lassen – das gehört zur Mission der *Artus*-Ritter.

Ob Perceval die Jungfrauen gesehen habe? – Der Junge kann die Frage der Ritter nach den Jungfrauen noch nicht aus eigener Erfahrung beantworten. Noch ist er voller Gegenfragen: Nach der Bedeutung ihrer Lanzen, Panzer und Schilde. Er will zu jedem Ding den *Begriff* fügen und begnügt sich, da er noch nicht denken kann, mit *Namen*. Es genügt ihm zu erfahren, daß König Artus, der Menschen zu Rittern machen kann, alle diese Dinge den Rittern vor fünf Tagen verliehen habe.

Jetzt führt er die Fremden weiter zu den Landarbeitern, die über die gesuchten Jungfrauen Auskunft geben können. (Sie sahen sie an ihrem Landstück vorbeikommen.)

Die Jungfrau am Himmel ist einer von den zwölf Weltanschauungsgedanken, und zwar derjenige, den Goethe in seiner Farbenlehre so ausdrückt: «Man suche nur nichts hinter den Phänomenen, sie selbst sind die Lehre»[4] – der Phänomenalismus. Perceval bringt sich aus dem vorgeburtlichen Leben eine Beziehung zu diesem Sternbild mit. Das muß man sehen, wenn er die Ackerbauern aufsucht, die über die Jungfraumacht, die Jungfrau mit der *Ähre*, Bescheid wissen. Ihr Beruf, Säen und Ernten, verbindet sie mit dem Kosmos. Ihre zwölf Ochsen, mit denen sie arbeiten, erinnern an den Tierkreis. Sie erinnern uns an die zwölf Söhne des Bron, deren einer, der jungfräuliche Alain (Alanus), der Erzeuger Percevals werden sollte.

Die Jungfrau zieht in den Frühlingsnächten am Himmelsgewölbe vorüber. Da säen die Bauern und sie nehmen dann wahr, was aus Lebenswurzeln wächst. Im Spätsommer steht die Sonne in der Jungfrau. Da schneiden und dreschen die Bauern die Gedanken des Getreides, die Ähren. Sie ernten die Erkenntnisfrüchte.

Die Jungfrau mit der Ähre ist eine das Leben Percevals durchwirkende Macht. Als Jungfrau, die den Gral trägt, wird sie ihm in der höchsten Kulmination entgegentreten. Immer wieder wird er durch Jungfrauenbegegnungen darauf vorbereitet und auf ein reines Anschauen und lebendiges Denken hingewiesen werden; und wo er vor der Gralsjungfrau nicht besteht, wird er durch andere Jungfrauen – die wehklagende Jungfrau und die Jungfrau mit dem Tieresantlitz – korrigiert werden. Sich gegenüber der Jungfraumacht ins Unrecht setzen, bringt Perceval stets an den Rand seines Abgrundes.

Es sind eine ganze Anzahl Jungfrauen, die sich in das Geschehen mischen, weil auch die Vervielfältigung des Grales in dieser Periode Bild wird.

16

Seine Mutter, von der er jetzt Abschied nimmt, um selbst ein Artusritter werden zu können, legt ihm den Schutz der Jungfrauen besonders ans Herz. – Harmlos-heiter bricht er auf, obwohl er sieht, daß seine Mutter zusammenbricht unter der Sorge, er werde den Prüfungen, die seiner harren, nicht gewachsen sein. Er reitet den ganzen Tag und schläft die erste Nacht im Walde, um sodann vier Prüfungen – nicht ganz – zu bestehen.

1. Am Morgen, beim Gesang der Vögel, erhebt sich

> der Junker und steigt zu Pferde. Er reitet immer weiter und weiter, bis er ein Zelt erblickte, das auf einem schönen Anger am Rande einer sprudelnden Quelle aufgespannt war. Das Zelt war wunderschön: ein Teil war rot, der andere grün und mit Brokat besetzt; darauf saß ein goldener Adler; den Adler beleuchtete die Sonne, die schon hell und rot schien: es leuchteten alle Wiesen ringsumher von dem Glanze des Zeltes.[5]

Das bunte Zelt des Sinnesteppichs! An diesem wird auch Sigune mit dem Studium des Brackenseils beginnen (siehe «Titurel»). Mit diesem Zelt, in das wir eintreten, ist die ernste Zeitforderung verknüpft, vom Wahrnehmen zum Denken fortzuschreiten, zur Bewußtseinsseele, die von dem goldenen Adler auf der Spitze des bunten Zeltes repräsentiert wird.

Perceval aber überfällt die schlafende Jungfrau im bunten Zelt, raubt ihr Spange und Ring und verzehrt ihr Mahl. Dabei empfindet er sich nur in seinem eigenen Selbst, wodurch der Unterschied zwischen der für das Objektive der Welt sich aufschließenden Jungfraumacht und dem Verharren in der Abgeschlossenheit des subjektiven Empfindens deutlich ist.

> Die Jungfrau weint und entgegnet, sie könne ihn nicht in Gottes Gnade empfehlen; ...er möge wissen, daß er sie verraten habe.[6]

Verraten wird die Erkenntnis-Forderung der neuen Zeit!

> 2. Die zweite Jungfrau, jetzt am Hofe des Königs Artus, lacht seit mehr als sechs Jahren zum ersten Mal, als sie Perceval kommen sieht, und sagt: Junker, so du von gutem Geschlecht bist, so denk und glaube ich in meinem Gemüt, und wahrlich es wird sich so erfüllen, daß es auf der ganzen Welt nicht zwei bessere Ritter geben wird, als du bist. So denke ich, so glaube ich.[7]

Diese Jungfrau *denkt* und *glaubt*, daß Perceval *zwei* Ritter in *einem* werden soll, ein Ritter den Sinnen und ein solcher dem Geiste nach. Aber der Knabe weiß das nicht. Der Geistesritter in ihm ist noch ungeboren. Er erschlägt den Roten Ritter und eignet sich seine Rüstung an. Er verschmäht es, sich zu entwickeln, und die Jungfrau wird von Keu geschlagen.

3. Die Jungfrau Blanchefleur (Kondwiramur), die von einem verhaßten Bewerber bedrängt wird (Klamide), schenkt ihrem Befreier Perceval ihr ganzes Sein. Sie besucht ihn keusch in der Nacht, die seinem Kampf mit dem Belagerer vorausgeht. Und er freit sie, aber er bleibt doch nicht bei ihr!

> ...und sie befiehlt allen ihren Leuten, sie möchten ihn herzlich bitten zu bleiben. Doch nichts fruchtet, was sie auch vorbringen, jedoch verpflichtet er sich vor ihnen, wenn er seine Mutter am Leben finde, so werde er sie mit sich bringen und von da an zu allen Zeiten das Land beherrschen, des mögen sie sicher sein; wäre sie aber gestorben, so wolle er ebenfalls wiederkehren.[8]

Hier ist also das Verlassen des schon Erkannten Percevals Schwäche.

4. Die vierte Jungfrau ist die auf der Gralsburg. Sie sendet ihm zuvor ihre Gaben, Purpurmantel und Schwert. Aber Perceval versteht das damit Gemeinte nicht und gebraucht die Kräfte dieser Gaben nicht zur Frage vor dem Gral: nicht die *Liebe* (den Purpurmantel), nicht die *Freiheit* (das Schwert). Es kommt zu dem bekannten Versäumnis.

Verraten, Verschmähen, Verlassen und Versäumen des schon Erkannten, sind vier Arten eines mangelhaften Verhaltens gegenüber der wachsenden Forderung, aus dem lebendigen Denken die Frage herauszulösen.

In innerer und äußerer Dramatik bringt die Legende zum Ausdruck, wie jedes Zurückweichen vor den Forderungen des neuen Erkenntnisweges sofort die Gegenmächte auf den Plan ruft. So wendet sich unmittelbar als Folge des Verrates Percevals an der im Zelte schlafenden Jungfrau (1) die Wut des wilden Orilus gegen dieselbe. Orilus ist der strikte Feind jeder Erkenntnis überhaupt. Er glaubt den Beteuerungen der Jungfrau nicht und ist gegen die Wahrheit unempfindlich:

> ...Ihr sollt mir zu Fuß und nackt folgen, bis ich ihm den Kopf abgeschlagen habe; eine andere Strafe will ich nicht an ihm vollziehen![9]

Gegen die andere Jungfrau aber, welche die Entwicklungsmöglichkeiten in Perceval sieht (2), kehrt sich der Zorn des Zynikers Keu. Bei Keu ist der Aristotelismus der Artusritter zum Zynismus ausgeartet. Sosehr man den Höfling fürchtet, so groß ist sein Einfluß! Er kämpft gegen den Ausfluß der Wahrheit, gegen das arglose Wort! Er schlägt die Wahrsagende zu Boden!

Die nächsten Prüfungen Percevals (3 und 4) stehen seinem Inneren so nahe, daß er sich von hier ab um die Gutmachung aller seiner Mängel bemüht.

Diese vier Jungfrauen treten mit einer bestimmten Gesetzmäßigkeit auf dem Gralswege auf und lassen den Erkenntnissucher die vier Stufen, welche die historische Gralsentwicklung durch physischen Leib, Lebensleib, Seelenleib und Ich hindurch einschlägt, in Kürze wiederholen. Sie sind nötig für die Gutmachung der Fehler auf dem Erkenntnispfad der «Sünden» (Kap. 42).

17

Aus der Natur, die Perceval durchreitet, hebt sich allmählich vorbereitend das Bild einer *Burg* heraus, das sich bei seiner vierten Wiederkehr als Ziel einer unbewußt gewesenen Wanderung, als Gralsburg herausstellt. Sah man ursprünglich das Bild des *Turmes* bei Robert de Boron auftreten, wo die Gralswirkungen in einem Turme empfangen wurden, so setzt sich die Spur dieses Turmes in die Dichtung Chrestiens hinein fort, ohne daß wir noch wissen können, wie der Gral in die Gralsburg übersiedelt sein mag.

Die erste Wanderstation Percevals ist das Meerschloß des König Artus.

> ... Wohl aber schlug er den Weg in der Richtung ein, die jener (Köhler) ihm zeigte, bis er am Meere ein Schloß erblickte, das schön und stark dastand.[10]

Damit ist der erste Wanderabschnitt mit der Jungfrau im bunten Zelt abgeschlossen, es beginnt ein zweiter.

Die zweite Station ist die Burg des Edelmanns Gurnemanz, der zwar die richtigen (ritterlichen) Begriffe lehrt, diese Begriffe aber zugleich auf den Umkreis der fünf Sinne einschränkt, der durch das Frageverbot nicht überschritten werden darf.

> Da, wo das Wasser in eine Bucht auslief, wandte sich der Junker nach links und sah die Türme des Schlosses aufragen, und es dünkte ihn, als ob sie gerade entstünden und aus dem Felsen herauswüchsen.

Die Dichter machen darauf aufmerksam, daß Perceval das Mineralisch-Tote, Architektonische überhaupt erst sehen lernen muß. Er sieht bei der Burg des Edelmanns, was er noch nie sah, schlanke Türme über dem Dach emporsteigen und vergleicht sie bei sich mit den Getreidehalmen, die aus der Saat der Landarbeiter seiner Mutter zu wachsen pflegten. Das müssen aber schlechte Bauern sein, so folgert er, denn, wie man sehe, wachse hier die Saat viel höher (*PIII 161,25-162,5*).

Mit der dritten Station ist die Burg der Blanchefleur erreicht.

> Er reitet immerzu, bis er eine starke und stattliche Burg erblickt; aber außerhalb der Mauern war nichts als Meer und Wasser und ödes Land.[12]

Immer ist das Wasser die ätherische Beigabe zur physischen Burg – und damit ist der Punkt erreicht, wo Perceval die Bedeutung der Sehnsucht nach dem Höheren aufgeht. Bei Wolfram nennt Parzival sein Weib und den Gral immer in einem Atemzug. Und so soll das Erreichen der Gralsburg diesen (4.) Abschnitt abschließen. Er ist den ganzen, langen Tag geritten, in eine steile Flußlandschaft geraten und wird da von einem Manne, der in einem Kahne fischt, in die gewünschte Nachtherberge gewiesen:

> Da erblickte er vor sich in einem Tale die Spitze eines Turmes, die da auftauchte. Bis nach Beirut fände man keinen so schönen und wohlgebauten: er war viereckig aus grauem Stein und hatte an seiner Seite zwei Türmchen. Der Saal lag vor dem Turm und die Säulengänge vor dem Saale.[13]

Alle diese Türme wachsen gleichsam aus der den Menschen umgebenden Landschaft auf und sind von ihrem Grün erst im Nahen zu unterscheiden.

Aber nicht nur bei den Wanderstationen herrscht die Vierzahl. In der Gralsburg ist alles auf der geometrischen Form des Vierecks gebaut. Sie wird geschirmt vom viereckigen Turm. Viereckig ist auch der Saal, für vierhundert Männer geräumig genug. In der Mitte desselben brennt zwischen vier Säulen ein Kaminfeuer. Der

Burgherr, mit schon graugemischten Haaren, vom Kopf bis zu den Füßen in schwarzen Zobelpelz gekleidet, wärmt sich daran, auf seinen Ellbogen gestützt, denn er hat nicht die Kraft, sich selber die Wärme zu geben.

Perceval wird sich oft an diesen Ort zurücksehnen.

18

Der Fischerkönig, der Perceval auf seiner Suche nach einer Nachtherberge in die Gralsburg wies, ist ein lahmes Abbild seines Urbildes, des reichen Fischers Bron, der den Fisch für die Gralstafel fing. Er ist der Mensch, der sein Schicksal nicht erfüllen kann, und er ist gerade deshalb *die* Schicksalsbegegnung für Perceval.

> In diesem Augenblick sieht er im Wasser ein Schiff flußabwärts schwimmen, das vom Oberlauf des Stromes kam: zwei Männer saßen in dem Schiff. Und er bleibt stehen und erwartet sie, da er hofft, sie würden so lange fahren, bis sie zu ihm kämen. Die beiden aber machen Halt. Mitten im Wasser standen sie ganz ruhig; denn sie hatten sich wohl verankert. Der vorne saß, fischte mit der Angel und es hing als Köder an seinem Widerhaken ein Fischlein, das etwas größer als eine Ellritze war.[14]

In der Zweiheit der Männer im Schiff, des Fischers und des Lenkers, sowie in der Zweiheit der Fische, nämlich des Köderfischchens und des zu erwartenden Beutefisches, spiegelt sich eine Tragik. Im Auseinandertreten der niederen und der höheren Natur des Menschen klafft ein Zwiespalt. Dieser Fischer erbeutet nichts. Er verliert den Köderfisch und gewinnt dafür keinen anderen.

Die Fische waren in den älteren Kulturen Symbol der Kaufleute, die mit ihren Schiffen Ströme und Meere befuhren. So auch fährt der Burgherr Chrestiens' im Schiff. Wolfram läßt Anfortas bei Mondwechsel dem Fischfang nachgehen. Der Schein von Tätigkeit, den er da ausübt, reicht nicht hin, daß er das Vorbild des guten Kaufmanns erfüllt (Er hat doch feilgehalten / Nie Salmen noch Lampreten. *P IX 491, 16,17*).

In Wolframs «Parzival» wird der in Gewinn und Verlust erfahrene Gawan mit einem Kaufmann verglichen. Der Kaufmann sollte zum Gleichnis für das höhere Seelenstreben werden. Das Evangelium enthält das schöne Gleichnis von dem Kaufmann, der alles verkauft, was er hat, um die Perle einzukaufen, welche das Reich Gottes ist (Matthäus 13, 45.46). Dementsprechend beschreibt ein manichäischer Text (Kephalaia Kap. LXXXIII)[15] Christus als den großen Oberkaufmann (Archiemporos), der die Perlen, welche die kleineren Kaufleute einhandeln, alle zu sich einholt. So konnte Robert de Boron an seinem Bron zeigen, wie menschliches Handeln im Schicksalsfelde Erfüllung findet, wenn es Christus als den großen Beutefisch einfängt.

Die Fische wandern am Sternenhimmel durch die Herbstnächte, zu einer Jahreszeit also, da der Mensch die Stärkung seines Selbstbewußtseins braucht. Sie mahnen ihn, sein Schicksal aus dem Mondbereich, in dem es verhaftet ist wie das Köderfischchen am Angelhaken, herauszulösen und es dem großen Sonnenwesen zu übergeben. Das ist nur in der freien Tat möglich, zu welcher die Jungfrau mit der Ähre, in der dann die Herbstsonne steht, mit dem lebendigen Denken vorbereitet. Zum freien Gebrauch dieser Gabe, in der Form der in die Hostie verwandelten Ähre, bedarf es der Mensch, daß er in das Tote eingewiesen werde, in die viereckige Burg, in der er das rechte Verhalten zu finden hat.

Die Jungfrau geleitet von der Liebe zu den Erscheinungen der Welt zur Erkenntnis der Welt und ihrer Wesen. – Die Fische führen von der Erkenntnis des Selbstes zur Liebe und Hingabe an das Schicksal der Welt und ihrer Wesen.

Demgemäß müßte das rechte *Wort*, das in der Gralsburg gefunden werden könnte, substantiell ein Sternenwort sein.

19

Nachdem Perceval, in den Purpurmantel eingekleidet, an der Seite des Fischers Platz genommen, war ein Knappe erschienen und hatte eine *Lanze*, von deren Spitze Blut tropfte und ihm in den Ärmel sickerte, die vier Wände des Saales entlang und wieder hinausgetragen.

Perceval ist ja ein Kind friedloser Zeiten. Seine Mutter enthüllte ihm, bevor er auszog, seine Abkunft. Seine Erziehung im Öden Walde (Soltane) ist die Folge davon, daß in den Ländern nach dem Tode des Königs Uter Pendragon Unfriede geherrscht und Percevals Vater, zwischen den Beinen verwundet, Zuflucht auf seinem stillen Landsitz gesucht hat, wo er aus Gram über den Tod seiner zwei älteren Söhne starb, als Perceval kaum zwei Jahre zählte. «Feigheit, Schande und Trägheit kommen nie zu Fall, denn das ist unmöglich; die Guten aber müssen fallen»,[16] klagt die Witwe.

Chrestien schildert auch König Artus, Uter Pendragons Sohn, nicht so, daß man sähe, wie er der Gewalttat in seinem Reich gänzlich Herr würde. Als in Artus' Tafelrunde Streit ausbricht, indem der Rote Ritter sein Land begehrt, sitzt Artus in tiefes Sinnen versunken da, so daß ihm Percevals Pferd den Hut vom Kopfe streifen muß, er aber dann zuschaut, wie der schöne Knabe in die Gefahr rennt.

> So klagt der König und bedauert den Junker und senkt traurig das Haupt; jedoch kann er daran nichts ändern und schweigt darob und spricht kein weiteres Wort.[17]

Die friedlose Weltlage stellte sich Perceval in der Imagination der blutenden Lanze dar.

Die *Frage* nach der Bedeutung dieser Lanze, die Perceval gegenüber dem Fischer obliegen würde, wäre demnach ein Akt seiner Selbsterkenntnis, so daß seine Zeit selbst sich in ihm erkennen würde.

Die Legende bringt nun zum Ausdruck, wie Perceval, indem er diesen Frageschritt *nicht* tat, etwas wie einen Todesstoß gegen sich in seinem eigenen Bewußtsein vollführte. Fast zur gleichen Stunde wurde unten im Tal einer Jungfrau, mit der Perceval nahe verwandt ist, ihr Geliebter mit einem Lanzenstoß getötet. Es besteht ein genauer Zusammenhang zwischen der Forderung der Selbsterkenntnis auf der Gralsburg und der Begegnung, die Perceval am folgenden Morgen mit der *wehklagenden Jungfrau* hat. Sie sitzt unter einer Eiche, dem heiligen Baum der Druiden, und hält den Leichnam des Bräutigams im Schoß. Es handelt sich um die Sigune der Parzival- und Titurel-Dichtung.

Diese Jungfrau (Sigune) ist dazu bestimmt, in Percevals Seele dasjenige zu ergänzen, was ihm vor der Lanze auf der Gralsburg zum vollen Erkenntniserleben noch fehlte. Es entwickelt sich folgendes Gespräch:

Die Jungfrau:
...sagt mir doch, ob Ihr die Lanze sahet, deren Spitze blutet, obgleich weder Fleisch noch Ader daran ist? –
Perceval:
Ob ich sie sah? O gewiß, fürwahr! –
Die Jungfrau:
Und habt Ihr gefragt, warum sie blute?
Perceval:
Kein Wort sprach ich davon!
Die Jungfrau:
So Gott mir helfe, umso schlimmer für uns! Wie heißet Ihr mit Namen, Freund?
Und der Junker, der seinen Namen nicht wußte, riet und sagte, er heiße Perceval der Walliser; er weiß nicht, ob er die Wahrheit spricht oder nicht, jedoch spricht er wahr und weiß es nicht.
Die Jungfrau (ganz erzürnt):
Dein Name ist verändert, lieber Freund ... Perceval der Unselige! Ach! Perceval, unglücklicher Perceval! Wie warst du doch so schlecht beraten, da du alles dies nicht gefragt hast![18]

Nicht etwa, weil Perceval auf der Gralsburg gewesen war, erriet er seinen Namen als einen Weihenamen, sondern weil er sich vor den Wundern der geistigen Welt, die er dort schaute, verschloß, sich im Anschauen der Lanze geistig tötete, kam er zu sich selbst. Das ist ein ähnlicher Vorgang wie bei Robert de Boron, wo die Verworfenen, als sie vom Grale ausgeschlossen wurden, den *Namen* des Grals genannt bekamen. Nur tritt hier an die Stelle dessen der *Eigenname*, Perceval.

Gral und Perceval – das reimt sich. Aber der Arme erriet seinen Namen nur, denn er war unsicher, *was* er an ihm hatte («wir wissen nicht, *was* das sein kann», sagen die Verworfenen). Er erlebt sich ja in seinem niederen Ich, das heißt in der Trennung vom Gral.

Über die mit der Bewußtseinsseele verbundene Selbsterkenntnisaufgabe äußert sich Rudolf Steiner wiederholt so, daß er aus dem Ton seiner Worte Tragik durchschimmern läßt. In solchem

Zusammenhang wurde oben (Kap. 3) das Wort vom «tragischen Bewußtsein» eines Parzival erwähnt. Es war das Schicksal des Abendlandes, das Ich-Erleben auszubilden, so schildert Rudolf Steiner am 17. April 1921.[18a] «Aber dieses Ich-Erleben war zunächst gebunden an den physischen Leib. Dieses Ich-Erleben war egoistisch in sich selber abgeschlossen. Dieses Ich-Erleben lebte zunächst in der Dumpfheit, das lebte, selbst wenn in ihm ein starker Impuls nach übersinnlichen Welten hin war, in der Dumpfheit; und Parzival, der pilgert nach dem Heiligen Gral, wird uns als ein Mensch in der Dumpfheit geschildert.» Wenn es auch, fährt Rudolf Steiner fort, so geschehen mußte, daß «das Ich seinen Impuls in der physischen Organisation erleben» mußte, so führte doch dieser notwendige Impuls in der Fortsetzung der abendländischen Geschichte zu einer Ausweglosigkeit im materiellen, völkischen und im Erkenntnisleben. «In dem Hinaufheben des Ich zu einem geistigen Begreifen der Welt ... In einem geistigen Begreifen der Welt muß der christliche Impuls wiedergeboren werden.»

20

Der Dichter Chrestien de Troyes bezeugt selbst mit seinem *Ich* das Dasein des Grals auf der Erde:

> Als sie mit dem Grale, den sie trug, eingetreten war, da kam damit ein so großer Glanz herein, daß die Kerzen ihre Helligkeit ebenso verloren wie die Sterne, wenn die Sonne oder der Mond aufgeht. Hinter dieser Jungfrau kam eine andere, die einen silbernen Teller trug. Der Gral, der vorausging, war aus reinem, feinem Golde. Kostbare Steine der verschiedensten Art waren an dem Grale, die reichsten und teuersten und kostbarsten, die es im Meer oder in der *Erde* gibt ...[19]

Indem dieser Gral die Hostie zu menschlichem Verzehr in sich birgt, wird darauf hingewiesen, daß er zugleich ein dem Menschen Innewohnendes ist, ein Christusförmiges im Menschen, das von seinem Ich aus friedebringend und ordnend in die Erdenwelt ausstrahlen soll:

> Wehe! Wehe, daß du so lange geschwiegen; denn hättest du die Frage getan, so wäre der reiche König, der so heftig leidet, alsbald genesen von seiner Wunde und hielte sein Land in Frieden, von dem er nun gar nichts mehr besitzen wird. Weißt du, was darob geschehen wird, daß der König sein Land nicht regieren kann und nicht von seinen Wunden genest? Die Frauen werden ihre Gatten verlieren, die Länder werden darob verheert werden, die Jungfrauen werden unberaten und als Waisen verlassen sein, und manche Ritter werden darob sterben. All diese Übel werden durch dich eintreffen.[20]

In der *Frage* Percevals nach dem Wesen des Grals müssen Welt und Ich eng verbunden sein. Diese Frage hat nur dann Sinn, wenn in ihr schon als Frage die Substanz des Grals enthalten ist. Deshalb soll Perceval im Anblick des Grals nach der *Ichheit* fragen, die als höheres Ich durch all die Jahre lebt, nach Titurel. Auf diesen bezieht sich die Fassung der Frage, *wen man mit dem Grale bediene?*

Rudolf Steiner stellt, bei der Schilderung der Grals-Imagination im Haager Zyklus 1913 «Welche Bedeutung hat die okkulte Entwicklung des Menschen für seine Hüllen ... und sein Selbst?»[21] die scheinbar rhetorische Frage «Ja, wem soll diese Speise gereicht werden?», um damit aber in Wirklichkeit die Percevalfrage des Dichters zu erneuern. Und er antwortet selbst in aller Gedankenklarheit: «Eigentlich soll sie gereicht werden demjenigen Menschen, der ein Verständnis gewonnen hat für das, was den Menschen reif macht, wirklich nach und nach bewußt sich zu dem zu erheben, was dieser Heilige Gral ist.» Rudolf Steiner stellt so die Gralsfrage neu in unser Jahrhundert hinein.

Perceval erwirbt ein fühlendes Verständnis dafür nach und nach, indem er sich von der Gestalt, die seine Biographie im Jahreslauf annimmt, inspirieren läßt. Er erwirbt sich dadurch seinen individuellen Anteil an der Gralsspeise, denjenigen Teil an dem der Vervielfältigung fähigen Heiligen Gral, den sein Lebenslauf zu empfangen fähig ist oder mit dem sein Ich an der ewigen Ichheit teilhat.

Alle künftigen Menschen empfangen ihre Anteile erst nach Maßgabe dessen, was sie an allgemeinem Begriffsvermögen für das Übersinnliche sich nach und nach – auch im Verlauf der

Geschichte – zu erwerben vermögen. Die Übungen dazu hat zuerst Sigune im Bunde mit dem lebenden und toten Schionatulander unternommen. Als diese beiden «Liebhaber ihres Schicksals» ihrerseits vor dem bunten Zelt auf der Waldwiese den Erkenntnisweg betraten, fischte er: Das heißt er suchte in der Selbsterkenntnis ein christliches Schicksal zu erlangen. Sie, die Jungfrau, begann mit dem Studium der zehn Begriffe der (im Mittelalter streng esoterisch gehaltenen) Kategorien, die Aristoteles – vermenschlichte Weltgedanken für menschliches Begriffsvermögen – aus dem Tierkreis heruntergeholt hatte. Sie erlangte dadurch ihren Anteil an der Gralsspeise, unabhängig vom Jahreslauf und in der Weise, wie das noch in lebendigen Bildern der Wissenschaft vom Gral zum Ausdruck kommt (vgl. Kap. 55 und 56).

Kundrie bringt ihr die Gralsspeise allwöchentlich.

Wer es verschmäht, das Geisteserbe des Aristoteles in seinem Innersten zu bewegen und es sich als zehn- bis zwölffachen Tugendkranz auf das Haupt zu setzen, an den tritt, wie sie schon bei Perceval tat, dieselbe Kundrie als Jungfrau in Tiergestalt, als eine gleichsam strafende, nicht schaffende Gottheit, als Rächerin heran. Sie zeigt sich ihm als eine in ihr Gegenteil verkehrte himmlische Jungfrau, deren Tierkreis-Physiognomie die Merkmale von Ratte, Affe, Katze, Esel, Ochs (nach Chrestien) sowie Schwein, Hund, Eber, Bär, Affe und Löwe (nach Wolfram) – gleichsam einen ganzen chinesischen Tierkreis – enthält. – In ausführlicherer Weise hat Walter Johannes Stein in einer bemerkenswerten kleinen Schrift auf einen realen völkerpsychologischen Zusammenhang zwischen Frankreich und China hingewiesen.[22]

Liebe

Trevrizent

(Wolfram von Eschenbach)

Planung

21

Rudolf Steiner hat schon in frühen Vorträgen und dann immer wieder über den *Gral* gesprochen. Bekannt ist die zentrale Stelle, die er im Schlußkapitel des Buches «Die Geheimwissenschaft im Umriß», 1909, dem Gral einräumt.[1] Er sagt da: «Wer dieses Symbol, wie es in Erzählung und Sage gegeben ist, seiner tieferen Bedeutung nach verstehen lernt, wird nämlich finden, daß es bedeutungsvoll das Wesen dessen versinnlicht, was oben die Erkenntnis der neuen Einweihung, mit dem Christusgeheimnis in der Mitte, genannt worden ist.» – Als Bildbegriff, in sich fassend die in diesem Buche gezeichnete Welt- und Menschheitsevolution, erscheint da der Gral, sublimster Extrakt christbegabter Weisheitspflege.

Und weiter: «Man sieht, daß sich aus der Erkenntnis des Grales das höchste Ideal menschlicher Entwicklung ergibt, welches für den Menschen denkbar ist: die Vergeistigung, welche der Mensch durch seine eigene Arbeit erlangt.» – Das Menschen-Ich, entflammt auf der Erde durch das Christusereignis, wird in Freiheit und Liebe schöpferisch und greift, eine Zukunft vorbildend, in das Weltenwerden ein. Jedermann trägt außer dem Menschen, als der er geboren ist, noch einen anderen, werdenden Menschen verborgen in sich. Vor diesen *werdenden* und seine Aufgaben stellt ihn der Gral.

Der Gral, der in der Sage des Mittelalters *nur* als Bild gegeben war, kann in der Gegenwart *Begriff* und begriffenes Tun werden. Aber schon der Begriffsbildung muß das schöpferische Moment eigen sein. Es darf sich jeder fragen: «Wie kann ich einen für meine Handlungsweise hinreichenden Begriff vom Gral in mir formen?»

Die Eroberung einer *individuellen* Herzensbeziehung zu der

Welt des Grales ist in der Sage und Dichtung an die Gestalt des Parzival geknüpft. Im Parzivalereignis wird die schöpferische Willensbeziehung zum Gral schon vorausgenommen.

22

Schon vor der Parzival-Gestalt und ihren Leiden und Taten gibt es im Abendland eine *Gralsgemeinschaft*. Da stand der Heilige Gral als bedeutsame *Imagination* im Mittelpunkt der geistigen Erhebung einer Brüderschaft. Rudolf Steiner nennt einmal «zwölf Ritter» als ihren Grundstock. Sie sind, wenn auch in ihrer Form zeitgebunden, die ersten Vertreter der «neuen Einweihung, mit dem Christusgeheimnis in der Mitte». Sie fühlten schon vor, was für die moderne Menschheit ganz allgemein gilt, daß im kommenden Zeitalter, nach dem 15. Jahrhundert immer mehr und mehr, die ihm tot erscheinende Sinnenwelt dem Menschen keinen Lebensboden für sein Ich mehr bieten kann, wie das Albert Steffen in seinem Buch «Krisis, Katharsis und Therapie im Geistesleben der Gegenwart»[2] ausführt. Solche Menschen wurden im wahren Sinn «Heimatlose». Sie lernten im Geistgebiet «Hütten bauen» (R. Steiner, 3. Dez. 1905, Köln).[3] Nördlich-europäische Mysterienweise sind sie insofern, als sie mit eigenen Kräften aus der Sinnenwelt empor ins Geistige streben und nicht, wie die Gottschauer der südlichen und östlichen, antiken Mysterien zuerst in der Entrückung die geistige Welt und hernach die Sinnenwelt als ihren Abglanz erkennen lernen. Sie hätten schon mit Goethe sagen können: «Wir bekennen uns zu dem Geschlecht, das aus dem Dunkeln ins Helle strebt.»[4] In den mittelalterlichen Domen ist ein äußeres Zeugnis ihrer Sehnsucht nach dem Überirdischen stehen geblieben.

Aber, während sie sich in einer wahren übersinnlichen Erkenntnis zur Gemeinschaft untereinander fanden, hatten sie nicht das Gefühl, daß sie sich damit von der allgemeinen Menschheit entfernten. Der Gral, der sich ihnen offenbarte, enthüllte ihnen ein Allumfassend-Menschliches. «Womit hat man es da innerhalb der Gralsgemeinschaft zu tun?», fragt Rudolf Steiner am 26. Februar 1922[5] und fährt fort: «Diejenigen, die um das Geheimnis des Grals wußten, die dachten über dieses Geheimnis des Grals so, daß im Gralstempel nicht bloß die auserlesenen Gralsritter sind; sondern ein jeglicher, der reinen Herzens und im richtigen Sinne Christ ist, er zieht, so sagt man, während des Schlafens, vom Einschlafen bis zum Aufwachen, nach dem Gral hin. Geradezu als den Versammlungsort der wahrhaft christlichen Seelen während des Nachtschlafens dachte man sich den Gral.»

Den Eingeweihten wurde bewußt, was sonst unbewußte Schlaferlebnisse der Menschen sind.

Das ist dasjenige, was auch die äußere Forschung unserer Tage, wenn sie auf die Aussagen des Mittelalters zurückblickt, als das Universelle der Grals-Idee, als das *Ökumenische* an ihr findet, wie es sich selbständig und menschenverbindend neben die Allgemeinidee der katholischen Kirche hinstellte.[6]

Die «übersinnliche Kirche»[7] (R. Steiner) war der Gral.

Eindrucksvoll, darauf hingewiesen zu werden, wie das Ökumenische des Gralsgedankens auf dem Überschreiten der *Schwelle des Schlafes* beruht, das von jeder Menschenseele im täglichen Rhythmus innerhalb von 24 Stunden vollzogen wird! (Davon verschläft der Mensch durchschnittlich 8 Stunden, 16 Stunden wacht er; ein im Parzivalepos des Wolfram von Eschenbach auftretendes wichtiges Zahlenverhältnis!) Da muß, im täglichen Schlaferlebnis, die in der Menschheit allgemein und unbestimmt vorhandene Sehnsucht nach dem Geistigen sich zur vollen *Hingabe* an das Göttliche steigern. Es traten den Schläfern die Wächter des Grales als *Hütergestalten* entgegen und verwehrten ihnen, insofern ihr Denken und Handeln noch ganz im Alltäglichen aufging, den bewußten Zutritt auf den «Berg des Heiles», *Munsalvaesche*. Zurückgeworfen in ihren Leib, nahmen sie doch manchmal ein erbeutetes «Gralspferd» mit dem Signum der Taube[8], worunter man einen einzelnen Erinnerungsgedanken an das Erlebte versteht, auf ihren weiteren Erdenweg mit.

Der Gralsgedanke ist bedingt durch die im Abendland sich vermaterialisierende Persönlichkeitskultur. Dieser wirkt eine Gemeinschaft entgegen, welche sozusagen die kosmischen Aufbaukräfte des Leibes verwaltet, die das einzelne Erden-Ich nur verbrauchen, zerstören, aber sich nicht selbst geben könnte: Schlaferlebnisse unter der Führung des Christus – «Nicht ich, sondern der Christus in mir», wie Paulus sagt – setzen die Eingeweihten instande, eine Wissenschaft darüber auszubilden, wie alle Lebensfunktionen des Menschen Glieder eines geistigen Kosmos sind, und solches Wissen denen, die es suchen, als einen wahren Lebensboden für das Ich hinzureichen. Ihr Gralsdienst hat das Ziel, den physischen Leib für die Erde so zu heiligen, daß er im Tode getrost abgelegt und der Erde übergeben werden könne. Das Gralstum ist zunächst eine therapeutische Einrichtung gegen die Schäden des Egoismus, die notwendigerweise an dem Leibe zehren, mit dem der Mensch in die neuere Geschichte eintritt.

23

Wir müssen die Mission des Grales noch tiefer fassen.

Der Schwelle des Schlafes ist die Schwelle des Todes verwandt. Im Schlafe betritt man – der heutige Mensch unbewußt – die Welt, in der auch die *Toten* weilen.

In der Anlage der nördlich-europäischen Seelen war es gegeben, daß sie als Lebende schauten oder ahnend verfolgten, wie große Verstorbene auch weiter in das geschichtliche Leben eingriffen (zum Beispiel Karl der Große, Barbarossa). Diese Begabung für das Erkennen der irdischen Tatenfolgen im Nachtodlichen – die südlichen und östlichen Weisen hatten mehr auf die Fortsetzung des Vorgeburtlichen im Erdenleben geschaut – verbanden die neuen Eingeweihten mit ihren Gralserfahrungen. In die Schar von heilig fortwirkenden Toten sollten sie selbst dereinst erhoben werden. Es war dies eine mehr aktive Art des Heiligwerdens, eine auf Grund des Erdendienstes erlangte Gnade der Berufung zum *Gralshütertum.*[8]

«Die Toten blieben bei den Lebendigen», führte Rudolf Steiner am 23. Juli 1922[9] aus, « ...und sehen Sie, eine Anzahl dieser Menschen, die lebendige Tote waren, sie wurden, wenn sie besondere Auserwählte waren, zu Hütern des Heiligen Grals bestellt. Besonders auserlesene lebende Tote wurden zu Hütern des Heiligen Grals bestellt. Und man wird die Gralssage niemals vollständig verstehen, wenn man nicht weiß, wer eigentlich die Hüter des Grales waren. Zu sagen etwa: dann waren ja die Hüter des Grales keine wirklichen Menschen – das wäre den Leuten der damaligen

Zeit höchst lächerlich erschienen. Denn sie hätten gesagt: Glaubt ihr Schattenfiguren, die ihr auf der Erde wandelt, daß ihr mehr seid als diejenigen, die gestorben sind und sich nun um den Heiligen Gral sammeln?»

In erhellten schlafähnlichen Zuständen nahmen nun die Diener des Grals durch *Inspiration* in sich auf, was ihnen aus der Welt der Toten an Weisungen für ihr Wirken gegeben wurde. Und jetzt versteht man bei Wolfram von Eschenbach für die leuchtende und sprechende Schrift, die mitunter am Gral erscheint und den versammelten Brüdern Direktiven für ihr geschichtebildendes Verhalten gibt, den Ausdruck EPITAPHIUM. Epitaph (griechisch von «eingegraben») bedeutet zunächst eine Grabinschrift. In dieser Grundbedeutung wird das Wort *epitafjum* (mittelhochdeutsch) im II. Buch «Parzival» für die Inschrift am Grabe Gahmurets, des Vaters Parzivals, gebraucht, einem Grabmal, von dem wir noch hören werden, daß es einen bedeutsamen Hinweis auf das vorhin über die Heiligung des Leibes für die Erde Gesagte bildet. – In der Sprache des Grals bedeutet das gleiche Wort *epitafjum* eine Mitteilung aus dem Reich der Toten (Grabschrift – Gralschrift).

Der Sinn der Gralschrift (P *470,24; 781,15*) ist: Geschichtliche Impulse von in Christus Verstorbenen, von den Lebenden *gehorsam* ausgeführt, sollen die abendländische Geschichte durchchristen. – Auch dem Auftreten des Schwanenritters Lohengrin, der einen mächtigen Einfluß auf die Städtekultur des Mittelalters nahm, ging das Erscheinen eines bestimmten Epitaphiums, daß man nämlich nach der Herkunft eines Gralsauftrages nicht fragen solle, voraus.

«Nun, die älteren Menschen gingen, wenn sie schliefen, in die Gruppenseele über», sagt Rudolf Steiner am 12. November 1922.[10] «Sie brachten sich dann mit dem Aufwachen, indem sie wiederum in ihren physischen und ihren Ätherleib zurückkehrten, ein starkes Bewußtsein von der Zusammengehörigkeit mit ihrer Gruppe mit.» – Im Gremium des Grales verbanden sich die Menschen, wie wir sahen, mit der ganzen Menschheit, mit Lebenden und Toten. Man empfand sich als Angehörige der Menschheit, die Menschheit selbst als eine große Gruppe und Christus als den Gruppengeist der Menschheit.

Welche Aufgabe stellte der Gruppengeist der ganzen Menschheit dem *einzelnen* Wissenden, wenn er ins Wachen zurückkehrte? Aus den Kräften heraus zu wirken, die den Menschen zum Erwachen im Leibe führen. Mit persönlicher Verantwortung zu wirken durch das *Wort*. «Ritter des Wortes» nannte Rudolf Steiner die Gralsritter.[11] Und das «Ertönen-Lassen des Rufes nach dem Heiligen Gral» ist mächtig, eindringlich durch zahlreiche Einzelne, Eingeweihte und ihre Helfer, vom Frühmittelalter an geschehen. Wir wissen nur wenig davon, «weil von den zahlreichen ... mit heiliger Süße und Überreifheit durch die europäische Zivilisation ... hindurchklingenden Stimmen nur die etwas ungelenke eines Menschen zurückgeblieben ist, der nicht schreiben konnte, die des Wolfram von Eschenbach. Er ist noch groß genug ...» (Rudolf Steiner, 16. April 1921.)[12] Schon 1905 sagte Rudolf Steiner über Wolfram: «Er war ein gründlich Eingeweihter.» Er habe sich so ausgedrückt, daß er von Menschen, die noch hellsichtige Fähigkeiten hatten, verstanden werden konnte (3. Dez. 1905, Köln).[13] – Glücklich darüber, daß uns sein Werk erhalten geblieben ist, finden wir bei ihm ein wundersames Gewebe von Bildbegriffen über den Gral, ein wahres Gralbilderbuch.

Das *intuitive* Ziel solchen Wirkens im Worte war: Bei voller Anerkennung der Freiheit der Persönlichkeit, die Loslösung der *Frage* nach dem Gral aus der freien *Initiative* zu bewirken.

Das Wirken der Gralsgemeinschaft stellt sich in folgender Übersicht dar:

Schlaferlebnisse	Verkehr mit Toten	Aufwecken der Bewußtseinskräfte
Wissenschaft von den Lebensfunktionen	Gehorsam	Wort
Heiligung des Leibes	Durchchristung der Geschichte	Löslösung der Frage nach dem Gral aus der freien Initiative

Fig. 2

Man sieht, wie die Impulse des Grals aus einer *anderen Welt*, als diejenige ist, die der Mensch auf Erden zwischen Aufwachen und Einschlafen erlebt, kommen und in das Tagesbewußtsein hereingeleitet werden. Die «Gralssage» ist nicht etwa nur legendäre Einkleidung des Heilsgeschehens von Golgatha, sondern beruht auf einem selbständigen Offenbarungsstrom, für den sich die Menschheit im Abendland zu gewissen Zeiten und durch ganz besondere Einrichtungen öffnete. In den Anfängen der Gralsgeschichte haben die Schlafzustände Offenbarungscharakter.

Fassen wir die drei Ideen des Grals, «Schlafeserlebnis», «Verkehr mit großen Toten», «Weckrufe» auf als hervorgehend aus den drei verschieden tiefen Stadien des Nachtschlafes – leiser Schlaf, tieferer Schlaf, Tiefschlaf, aus dem heraus der Impuls zum Aufwachen erfolgt. Dann steht im Tageskreis (siehe Figur 3) der achtstündige Nachtbogen, aus dem die Gruppe ihre Offenbarungen schöpft, dem doppelt so langen, sechzehnstündigen Tagesbogen gegenüber, in dem das Alltagsbewußtsein des Schülers zunächst verfließt, an den sich die Gruppe durch einen Lehrer wendet.

Das ist die Situation Parzivals, des *Initianten*, der die freie Initiative lernen soll. Seine Einführung in das Leben der Gralsgemeinschaft, bis er zuletzt selbst zum Wirken durch das *Wort* gelangt, beschreibt den Kreis seiner Entwicklung. (Wir betrachten den Kreis jetzt nicht nur als Tageskreis, sondern als ein Symbol für

Fig. 3

längere, aus täglicher Übung hervorgehende Perioden des Reifens. Vergleiche die weitere Ausführung in der Figur 4, Kapitel 29.) Eine Steigerung der Leistung ist damit verbunden. Zugleich verhilft sein Hindurchschreiten durch die Erlebnisse der Gralsgemeinschaft dieser selbst zu einer Metamorphose ihres eigenen Lebensgefüges. Parzival wird der Erneuerer der Gemeinschaft durch den *Individualgeist*.

25

Rudolf Steiner spricht in bezug auf den Gral von einer «*hochgeistigen Spannung*, die in den Seelen bewirkt wird, wenn sie sich ... zu einem spirituell-esoterischen Erfassen hinaufranken sollen» (1. Oktober 1922).[14] Es kann das Seelenglied, das einer solchen Spannung fähig ist, nur die Bewußtseinsseele sein, das maßgebende Vermögen des modernen Menschen. Man kann von Mysterien der Bewußtseinsseele sprechen. Diese wirken sich, nach dem Dargestellten, in einer Strömung aus, die den *Nachtgeist* in einen *Taggeist* hinüber führt. Die freie Initiative ist es, die sich mit einem aktiven Kontakt an dieser Strömung entzünden muß.

Rudolf Steiner hat am 22. November 1919[15] ausgeführt, wie durch den Einschlag des Mysteriums von Golgatha der Geist, der ein Offenbarer Jahves im Alten Testamente war, *Michael*, ein Offenbarer Christi und dadurch aus einem Nachtgeist zu einem Taggeist geworden ist, dessen spirituelle Lenkung nunmehr durch die menschliche Regsamkeit im vollen, wachen Tagesbewußtsein erfahren werden soll. Eine im Fortschritt der Menschheit gelegene Umwälzung der Geistespflege. Objektiv Geistiges will sich uns am hellen Tage mitteilen.[16]

Wir haben hier die Ader angeschnitten, mittels welcher die Gralsoffenbarung in die Zukunft hinein in die Michaeloffenbarung fortgeleitet werden soll, wie dies dann S. Prokofieff in seinem im Vorwort angeführten Buche durchführt.[17]

Der Lehrer wird damit beginnen, den guten Willen im Denken seines Schülers anzusprechen. Sein Lehrinhalt ist sorgfältig berechnet. Er wird zuerst sein Wissen von den Lebensfunktionen in ihrer Beziehung zum Kosmos in Worte kleiden, wie sie der Vernunft zugänglich sind. Sein Wissen hat er aus dem Schlafe in Imaginationen geschöpft, seine Worte prägt er im Tagesbewußtsein. Geist-Erinnern waltet in ihm. Und sein Wissen gipfelt in der Erkenntnis, daß die Kräfte des selbsttätigen Denkens, die er im Schüler anregen will, nur ein höchster Extrakt aus den Lebenskräften selbst sind, die er im Schlafe anreichert. Damit spricht er den Schüler, ohne es von vornherein zu sagen, weil er sonst sein freies Finden beeinträchtigen würde, im Namen des Grales an.

Es rechnet der Gralslehrer bei dem Initianten mit dessen *Hingabe*-Fähigkeit an die Bilder und Gedanken vom Gral. Die *Sehnsucht* nach dem Gral (*P 467,30; 468,10*) ist in der Menschheit allgemein (Rudolf Steiner, 13. Dezember 1919.)[18] Sie kann im Schüler, der sie nährt, zur Hingabe an die *Erkenntnis* sich umbilden. In ganz bestimmten *Rhythmen*, die sich über Tage, Wochen, Jahre usw. erstrecken, wird er die Weisheit des Grales aufsaugen. Sie gestalten das Lehrgut zum inneren Leben des Einzuweihenden. Die Bilder sind auf diese Rhythmen im voraus abgestimmt und bewirken allmählich eine Umwandlung der Seele.

Durch Chrestien de Troyes haben wir ein für allemal den Äther- oder Lebensleib kennengelernt. Nunmehr erstreckt sich die Planung auf eine Arbeit an den sieben Lebensprozessen im Ätherleibe, auf die wir noch näher eingehen werden.

Der Gralsunterricht ist in jedem Zeitalter verschieden.

Siebenfältig legt *Trevrizent*, der erfahrene Gralslehrer in Wolframs Gedicht (*P 469, 470, 471*), die Wirkungsweise des Grals auseinander. Achten wir, wie diese Bilder durchrhythmisiert sind:

1. In jedem Wahrnehmungsakt stirbt der Menschengeist für die

Sinnenwelt ab, um von der andern Seite des Daseins her wiederum für die Sinne zu erstarken. *Das Sinnesleben* erscheint im Bild des verbrennenden und wiederauferstehenden Phönix. (Das Phönixbild.)

2. Jeder Gedanke vom Übersinnlichen, den der Mensch in seine Meditation aufnimmt, braucht sieben Tage, um in ihm Leben zu werden, ein Geheimnis des *Nervenlebens*. (Die Gralswoche.)

3. und 4. Die Gedankenbilder, die das kosmische mit dem irdischen Leben im Zusammenhang zeigen, gehen in den Lebensleib des Schülers ein und enthüllen sich ihm, wenn er sich an den Jahreskreislauf und die christlichen Festeszeiten hält, in ihrer tieferen Bedeutung für das *Atmungs- und Zirkulationsleben*. (Das Festesjahr.)

5. Auch die irdische Nahrung des Menschen wird im *Stoffwechselleben* vom Gral übernommen. (Tägliche Mahlzeiten.)

6. Das ganze Leben zwischen Geburt und Tod verläuft für Gralsangehörige im Dienste des Grals und damit im *Bewegungsleben*. (Lebenslauf.)

7. Die Verwaltung der Angelegenheiten des Grals wird von Zeit zu Zeit durch höhere Wesens- oder Engeleinflüsse erneuert als *Fortpflanzung* des Grals in der Geschichte. (Geschichtebildende Ereignisse.)

Aus diesen sieben durchrhythmisierten Bildern, in welchen die Rhythmen des Augenblicks, der Woche, des Jahres, des Tages, des Lebenslaufes, der Geschichte enthalten sind und die wir im einzelnen noch betrachten werden (siehe Kap. 40–48), ergänzt in der Gralskunde Trevrizents das Mittelpunktsbild (oben 3. und 4.):

Eine Taube sich vom Himmel schwingt,
die dem Stein herniederbringt
eine Oblate weiß und klein.
Die Gabe legt sie auf den Stein:
Dann hebt mit glänzendem Gefieder
die Taube sich zum Himmel wieder.
Alle Karfreitage
bringt sie, was ich euch sage. *(P, 470, 3-10.)*

26

Im Gralsunterricht waltet reine Intuition des Moralischen.

Der «verantwortungs»-bewußte Lehrer weiß nämlich, daß die Zeit der alten Redner, der Rhetoren oder Parleure, zu denen Wolfram auch Platon rechnet (*der pareliure Plâtô, 465,21*; siehe Kap. 39), vorbei ist und daß im Anbruch des Bewußtseinsseelenzeitalters das Wort, das er gebraucht, mit dem Wesen nicht mehr übereinstimmt, weil es sich nach dem *Persönlichen* formt. Die allgemeine Wahrheit wird, wenn sie durch das Wort des Sprechers hindurchgeht, persönlich gefärbt, ihr Licht verdunkelt sich. Das Wort kann «versucht sein» *(P, 466, 15-30)*. Mit einem unrichtig gewählten oder unverstandenen Wort kann der Lehrer dem Schüler gegenüber schuldig werden. Jede Zwiesprache erzeugt Schicksal, *Karma.*

Dennoch lehrt er im Vertrauen darauf, daß der Hörer durch die demütige Haltung seiner Rede veranlaßt werden wird, auf seine eigenen Lebensfehler hinzuhorchen und sie im Laufe der Zeit gutzumachen. Wer die eigenen Schulden erkennt und tilgt, wird auch zur rechten Zeit dem Lehrer seine Schuld vergeben. Das ist echtes Geist-Besinnen.

Der so zu Prüfende darf nicht früher über die Schwelle des «Gralstempels» treten, wo das Gralsziel der Erde leuchtet, bevor er nicht alles persönliche Schicksal geordnet hat.

Die Schrift aus dem Reich der Toten wendet sich nun nicht mehr nur an eine Gemeinschaft, die ihr Gehorsam zollt. Sie macht ihre Verheißung abhängig davon, was ihr der *Einzelne* an Leistung entgegenbringt. Auf ein unentwegtes Streben will sie Gnade ausschütten und den ungebrochenen Sucher zum Gralsziel der Welt hingeleiten.

Es kommt nun ein Element in das Schlafeserleben hinein, durch das sich der Mensch moralisch *beurteilt* fühlt. Im Abendland, so erklärte es Rudolf Steiner, «haben die Menschen ein Blut ... das durchtränkt ist von der Egoität, die erhärtet ist in dem inneren Herde des Bösen» (23. September 1921).[19] Nicht nur im Wort, auch in Gedanken und Taten, sogar im Unterlassen einer Handlung aus Egoität, kann das Böse aus dem Menschen hervorbrechen. *Kundrie*, welche jetzt «die Schwelle des Einschlafens» hütet, macht dies Parzival anschaulich. (Es muß gebeten werden, bei ihrem Namen an eine Gralsbotin zu denken und nicht an Richard Wagners eigenwillige Bühnengestalt.) Und erst wenn er sein eigenes «moralisches Geschöpf», seinen zweiten Menschen, den Werdenden, für den er sich voll verantwortlich ansieht (in der Sage ist dies Feirefis) mit zur Schwelle nimmt, darf er den Gralstempel wirklich betreten und zum Geist-Erschauen aufrücken.

27

Der Gralssucher hat sein Gegenbild an dem Menschen, der unrechtmäßig über die Schwelle geht: *Anfortas*. Es gehört mit zum Ökumenischen der Gralsgemeinde, daß sie in ihrer Mitte auch den Repräsentanten der sündenkranken Menschheit birgt, die chaotisch über die Schwelle dringt. Doch sie, die Gemeinde, wird mit seinem Fall nicht fertig. Sein Mangel an Hingabe verzehrt ihr die eigenen Lebenskräfte. Die *Weisheit* des Grales erschöpft sich, wenn nicht, zugleich mit der freien Initiative, die *Liebe* wächst.

In bezug auf alle drei Ideen des Grales (siehe Kapitel 24) versagt Anfortas. Die leibaufbauenden Kräfte versagen ihm den Dienst, wird er doch mit seiner Wunde nicht fertig. Er entbehrt der Segnungen des Schlafes. Er wird im höheren Sinne schlaflos. Die moderne Menschheit, die sich, wie im Nachwort erwähnt wird, mit Anfortas berührt, kennt ein dem körperlichen Anfortasleiden Ähnliches in dem oft tödlichen Übel der Kreislauferkrankungen, deren Herankommen Rudolf Steiner als eine Folge der weit verbreiteten Irreligiosität ansieht. So sagt er im Vortrag vom 5.11.1922, «daß der Mensch während des Tageslebens in seinem Organismus nicht die zusammenhaltenden Kräfte haben wird, um die Wirkung der Nahrungsmittel in der richtigen Weise in seinem Organismus zu verteilen. Und die Folge der Irreligiosität wird im Laufe von gar nicht so fernen Zukunftszeiten sich in bedeutungsvollen Krankheiten der Menschen ausleben.»[20] Weiteres über die Diagnose des siechen Anfortas siehe im Kap. 45.

Noch bedenklicher aber ist sein an die moderne Euthanasie (Tötung ‹lebensunwerten› Lebens) gemahnendes Verhalten, wodurch er über die Todesschwelle gehen will und womit er das Gegenteil vom Aufwache-Impuls anstrebt. Er versucht sich in einen dumpfen Tiefschlaf zu versetzen, aus dem er nicht mehr aufzuwachen braucht. Was da vorliegt, hat unseres Erachtens Rudolf Steiner am 24. März 1922[21] erhellt. Er sprach da vom dritten Stadium des Nachtschlafes, das jeder Mensch zwar durchmache, aus dem er sich aber nicht selbst herausholen kann. «...und jedesmal, wenn der Mensch aufwachen muß aus dieser dritten Gattung des Schlafes, dann muß ihm die Christus-Kraft, die durch das Mysterium von Golgatha sich mit der Erde vereinigt hat, zu Hilfe kommen ... In mitteleuropäischen Gegenden, da wußte man von manchen Menschen, daß sie dadurch gestorben waren, daß sie in einen solchen tiefen Schlaf gefallen waren. Sie hätten nicht zu sterben gebraucht, wenn der Christus ihnen zu Hilfe gekommen wäre.» Mit dieser Möglichkeit rechnet Anfortas, der ja nicht mehr aufwachen *will*. Er *versucht* den Christus. Würden die Brüder Anfortas gewähren lassen, so würde er nach dem Tode eine Unheil stiftende Wesenheit werden.

Christus führt uns heraus – das besagt (5.11.1922): «Wir sind freie Menschen geworden im Verlauf der geschichtlichen Entwicklung, ...weil wir schon aus freier innerer Stärke durch die Christuskraft, die wir uns hier auf Erden erwerben, unser *Karma* beim Heruntersteig zur Mondensphäre übernehmen.»[22]

Immer sind es die geistigen Mondenkräfte, welche die Menschenseele, sei es aus dem Nachtschlaf, sei es aus der Vorgeburt, auf die Erde zurückführen. Es kommt nun auf die während des Erdenlebens in der Seele erworbene Christuskraft und auf das Maß an, in welchem sie das Mondengesetz selbst bejaht und die Erdenaufgaben freiwillig antritt. Des Anfortas Verhalten in seiner Krankheit zeigt auch dieses, daß er sein Schicksal nicht bejaht. Seine Schmerzanfälligkeit bei Mondwechsel deutet in dieselbe Richtung. Im Kahne auf den Wassern (Kap. 18) rudert er auch nicht selbst, sondern läßt sich rudern.

Sein Sterbeversuch, zu dem er die Brüder überreden will, zeigt ihn an einer noch tieferen Wurzel des Verderbens, indem er sich an dem «In Christo morimur» vergeht. Er ist der wahre Todesschläfer im Sinne des Paulus. Wir müssen ihm Epheser 5, 11-14 entgegenhalten: «Habt keinen Anteil an den unfruchtbaren Betriebsamkeiten der Finsternis, entlarvt sie vielmehr. Was darin im verborgenen getrieben wird, davon auch nur zu reden ist schändlich. Alles kommt ans Licht, wenn das Licht den falschen

Schein entlarvt. Alles, was sich offen zeigt, gehört dem Lichte an. Und so heißt es:

‹Wache auf, der du schläfst,
stehe auf von den Toten,
der Christus wird dein Licht sein!›»

Das *Wort*, mit dem Parzival den Anfortasmenschen heilt, ist wie zu einer Seele gesprochen, die schon über die Schwelle des Todes gegangen ist. Es ist wie die Frage an einen Toten in der Herzenssprache. Ein solches Wort ist wiedergewonnene Unschuld. Es kann selbst nicht mehr schuldig werden, wie es das Wort des Lehrers noch vermochte. Es hat kein Karma mehr. Es ist Auferstehungswort.

28

Die Tatsache, daß aus der freien Initiative heraus das Wort der Liebe gefunden wird, bedeutet den eigentlichen Schwellenübergang des *Gralsfinders*. Seine Frage wird Ereignis in den höheren Welten.

Es hat zur Unterweisung des Schülers dazugehört, daß er sich mit einem spirituell-frommen Fühlen der Tatsache nahte, daß – im Zeitalter des Intellektualismus – der tagwache Gedanke einen *Leichnam* darstellt. Leichnam, übrig geblieben von herzlichen Seelenbeziehungen der Geister, als Gedanke konserviert zur Mumie. Jedesmal an der Schwelle des Tages, beim Aufwachen war dem Schüler «im Waldesgrün» oder «in der dunklen Klause», an der Sinnenpforte *Sigune* mit dem toten Bräutigam im Schoß begegnet, ihn gewissermaßen ermahnend:

«Die Geisterwelt ist nicht verschlossen,
dein Sinn ist zu, dein Herz ist tot.»

Als Gegenmittel gegen den Auswurf des Intellektes kannte das Mittelalter ein fromm-spirituelles Fühlen von Mensch zu Mensch, ein keusches Menschen-Seelen-Wirken. «Es muß doch darauf aufmerksam gemacht werden», sagte Rudolf Steiner am 26. Februar 1922,[23] «daß in dem Zeitalter, das dem 15. Jahrhundert vorangegangen ist, im wesentlichen noch viel stärker von Seele auf Seele gewirkt wurde als später, auch von dem, was die Seelen dachten und empfanden und wollten. Denn jene soziale Trennung zwischen Mensch und Mensch, die später eingetreten ist, die ist eben durchaus eine Begleiterscheinung des Intellektualismus. Und je weiter der Intellektualismus gedeiht, je weniger sucht man nach dem, was ihm entgegenwirken muß, nach dem Spirituellen, desto mehr wird der Intellektualismus die einzelnen Individualitäten auseinanderspalten.» Hier liegt die Menschheitspädagogik im Seelenaustausch Parzivals mit Sigune: In der lebendigen Pflege des Geist-Besinnens.

Der innere Rhythmus des strebenden Schülers tangiert das Verhältnis zwischen seinem physischen Leib und Bildekräfteleib (Ätherleib). Als Parzival nach seinem Rhythmus von fünf Jahren – wenn der physische Leib 7 Jahre alt ist, ist der Ätherleib 5 Jahre 3 Monate alt, es ist eine Verhältniszahl[24] – zum leidenden Menschheitsmenschen, zum Anfortas wieder gelangt (vgl. Kap. 35), ist sein Fühlen selbständig geworden. Es wird sogar priesterlich. Sein vom frömmsten Fühlen durchdrungenes Wort besitzt kultische Kraft. Parzivals Mitleidsfrage

Oheim, was fehlet dir? (*P XVI,795,29*)

wirkt heilend und gemeinschaftsbildend. Sie ist nichts anderes als die Frage nach dem Gral selbst in ihrer höchsten Fülle.

Nach der Anrufung der höchsten Trinität vor dem Gral findet Parzival, zugleich als seine Einweihung in individuelle Gralsträgerschaft, dieses soeben erwähnte, fast gedankenleere Wort. Denn es handelt sich nicht darum, durch eine Antwort etwas erfahren zu wollen, was er längst weiß, sondern es löst sich in diesem Augenblick von dem Gralsfinder etwas, das der Mensch sonst erst ablegt, wenn er über die Todesschwelle geht, es lösen sich jüngende Kräfte von seinem Ätherleib und gehen hinüber in den genesenden Anfortas.

Die Nachahmung der Handlungen höherer Wesen wäre Kultus. Wenn gesagt wird, daß der Mensch durch ein Opfer weltschöpferischer Wesen entstanden ist, dann wäre auch Parzivals Fragetat eine Opferhandlung und hätte den Rang einer kultischen Handlung. Auch ist die Entwicklung vom Nehmen zum Geben – kurz ein Schöpferisches – da, wie sie Hierarchien auszeichnet.

Rudolf Steiner sagte am 29. September 1922:[25] «Es gab eine Zeit in der Menschheitsentwickelung, ...in der man noch wußte, daß, wenn der Mensch zum Beispiel das Wort ausspricht in der rituellen Handlung, dasjenige, was er im Worte ausspricht, sich hineinströmend bewegt in die äußere Handlung, die äußere Handlung durchsetzt, und daß der Geist, der im Menschen lebt, sich mit dem, was die äußere Handlung ist, verbindet und dadurch eben das alles geschieht ...»

29

Dann erfließt aus dieser rituellen Haltung des Fühlens auch die Stiftung einer Gemeinschaft der Zukunft durch das Sakrament der Taufe auf den Heiligen Gral (*P, XVI, 816-818*).

Über sie spricht Rudolf Steiner (3. Dezember 1905, Köln)[26] als von einer «Einweihungszeremonie» der Gralsbrüderschaft, die auf den «wirklichen Aufgang des Christentums in der Zukunft, wenn es mit dem Heidentum verbunden sein wird», hindeutet. Dieser Zeitpunkt tritt ein, wenn die Sonne künftig im Zeichen des Wassermanns aufgeht. «Ein neuer Johannes wird kommen ... Der wird der Verkünder sein einer *neuen* Zeit des Christentums ... Johannes heißt Wassermann. Die Tempelritter werden deshalb diejenigen genannt, welche auf Johannes den Täufer hinweisen.» – Im Epos (XVI. Buch) handelt es sich um die Taufe des Bruders Parzivals, des Feirefis, welcher dadurch den Gral schaut und aus dessen Ehe mit der Gralsträgerin Repanse im Osten ein Sohn, der Priester Johannes, entspringt.

Dann, in einer künftigen Epoche der Gralsgeschichte, die jetzt anbricht, ist der *Gralstempel* nicht mehr so wie einst der «Versammlungsort der wahrhaft christlichen Seelen während des Nachtschlafens» (Kapitel 2), oder, legendär gesprochen, sein Turmknauf leuchtet nicht mehr den Tempelrittern bei ihrer nächtlichen Heimkehr, sondern er steigt wie der Tempel in Goethes Märchen an den Tag, um die Glorie in das ätherische Schauen des Menschen zu ergießen, der das Böse in das Gute wandelt.

Die Zukünfte inaugurierende Taufe im Gralstempel ist ein *Morgenereignis*, so wie Parzivals erster Besuch auf der Gralsburg ein *Abendereignis* war. Abend und Morgen, Westen und Osten, in unserer Zeit Jungfrau und Fische bilden die eine, die Hauptachse des Grales. Der Westen ist in der Idee und in ihrer Verkündigung, der Osten im Gebet, im heilenden Wort und im Kultus vertreten.

Zwischen diesen beiden Polen erblicken wir das Wesen des Menschen im Werden, tauschen die verschiedenen Seelenstufen und Zeitalter geschwisterlich ihre Gaben aus. Der *Fischer*-König (die Würde des Anfortas), der demütige Grals-Lehrer, die den Gral tragende *Jungfrau*, welche durch ihr Jawort die Mutter des Priesters, des Johannes, wird: Sie sind drei Geschwister.

Anders die Achse Nord–Süd, welche sich auf eine der fruchtbarsten Gegensätze und Spannungen in der Geistesgeschichte der Menschheit gründet, die schon oben als Gegensatz der nördlich-europäischen und südlich-antiken Seelenverfassung gestreift wurde. Im Norden ein äußerer Naturweg, im Süden ein innerer Seelenweg. Es ist derselbe Gegensatz wie zwischen Kundrie und Sigune. Im Grale wirken sie jedes an seiner Stelle und somit zusammen.

Drei Tore erschlossen, nach dem mittelalterlichen Idealbild, den Zutritt zum Gralstempel. Drei poetische Gestalten werden, gemäß den Kräften des Denkens, Wollens und Fühlens, die sie vermitteln können, Führer des Suchers nach dem Gral: Trevrizent als der Epiker, Kundrie als die Dramatikerin, Sigune als die Lyrikerin der Gralspoesie. Sie hüten die Tore der Erkenntnis, der geistigen und der sinnlichen Welt. – Und nun können die Grundrisse des Gralstempels und der Gralsdichtung, das architektonische und das poetische Ideal, auf ein gemeinsames Urbild zurückgeführt werden. Daß dies möglich wird, das verdanken wir einer besonderen Fügung. Bei seinem Vortrag am 13. Dezember 1919 entwarf Rudolf Steiner eine Tafelzeichnung. Er wollte den Grundriß des Gralstempels mit seinen 72 Pfeilern skizzieren und sagte dabei: «Ich brauche vielleicht nicht alle 72 zu zeichnen, aber ich kann es andeuten. Ich deute das nur an, denken Sie sich aber, es wären das 72 Pfeiler.»

In die von Rudolf Steiner gewissermaßen vereinfachte Skizze mit den von ihm angegebenen 16 Pfeilern läßt sich nun mühelos das Parzivalepos Wolframs von Eschenbach mit seinen 16 Büchern einschreiben, wodurch ein ganz neues Licht auf das die moderne Forschung beschäftigende Problem vom «Kathedralengrundriß» dieser Dichtung fällt.

Man erblicke in dieser Figur eine Fortentwicklung unseres Schemas in Kapitel 24 (Figur 3). Die Zahl Sechzehn (die von Rudolf Steiner in seinem Dornacher Vortrag vom 13. Dezember

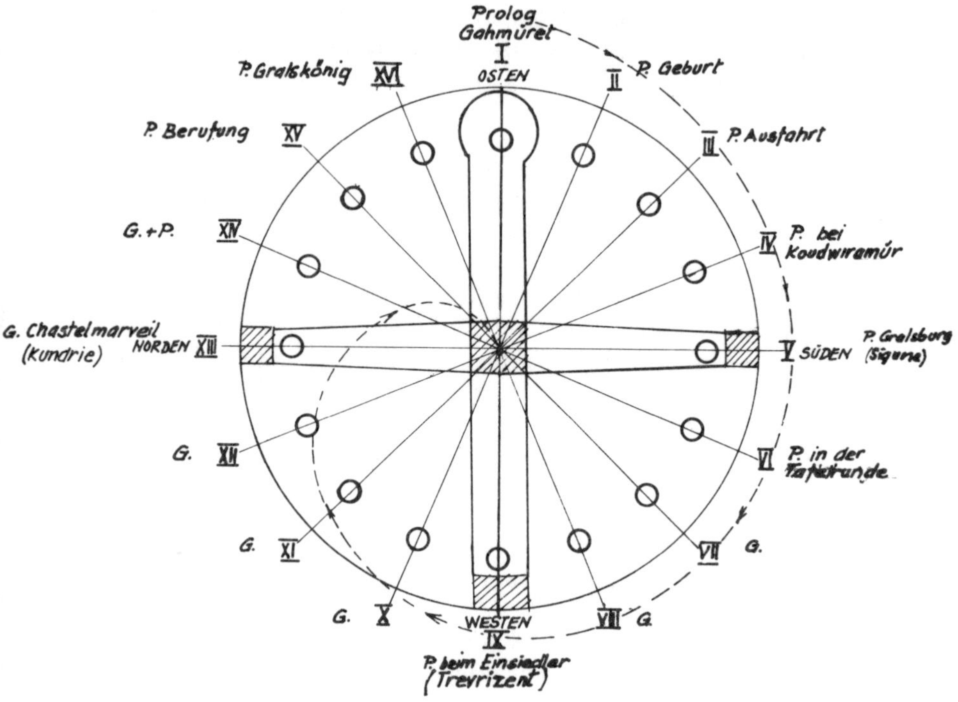

Fig. 4
Trevrizent
(Fontane Salvaesche)

Schematischer Grundriß des Gralstempels nach Rudolf Steiner (13. Dezember 1919[27]) mit den Himmelsrichtungen, drei Toren im Süden, Westen und Norden, einem Hauptaltar im Osten und zwei in Kreuzesform angeordneten Hauptgängen, in deren Schnittpunkt der Behälter für den Heiligen Gral steht. Hinzugefügt wurden in römischen Ziffern die Bücher des Parzivalepos und die sonstigen Bezüge.

1919 als Vereinfachung der 72 Pfeiler entwickelt wurde) kennzeichnet den Bau als einen Tagesstunden-Tempel. Von 24 Tagesstunden verbringt der Mensch 16 im Wachen. Als solcher bildet er nicht nur das Ziel des Parzivalweges, sondern gewissermaßen auch das Resultat aller in die Entwicklung Parzivals mit eingeschlossenen Zeitenkreise. Der Zeiger gibt wieder die Wegrichtung an. Hier folgt er dem Gang der Erzählung durch die sechzehn Bücher des Parzivalepos.

In die Hauptachse des Gralstempels, gewissermaßen von seinem Westportal her, blickt Parzival, sobald er auf seiner Wegstrecke dahin gelangt ist, zum ersten Mal im IX. Buch hinein, das mit Trevrizents Belehrung Mitte und Wendepunkt in der Dichtung bedeutet. Aber schon vorher im V. Buch ist die Stelle, wo Parzival vor dem Tore der Gralsburg Sigune trifft. Kundries Spuren aber lassen sich, von ihrem Auftreten im VI. Buch her, bis in das XIII. Buch hinein verfolgen, wo sie in Chastelmarveil, der Gegenburg des Grals, ihre Erfahrungen mit Anfortas zu einem heilsamen Einfluß verdichtet.

Auch die zyklische Wiederkehr der Bilder würde, an diesem Schema verfolgt, eine musikalisch-mathematische Gesetzmäßigkeit aufweisen (Kap. 35). Damit wird die Überlieferung verständlich, die den Erbauer des Gralstempels, Titurel, als von zwei großen Künstlern, die sich wie Baukunst (Technik) und musische Kunst zueinander verhalten, von Herakles und von Pythagoras, beraten hinstellt *(JT 313 H, 331 W)*.

Mit einem lebendigen Denken ist Parzivals Weg dann im Sinn einer einwickelnden Spirale vorzustellen, die, erst um den Bau herumführend, von seinen drei offenen Toren mächtig angezogen, endlich ins Innere führt und in den Mittelpunkt hinein endigt.

Wolfram erwähnt den Tempel nur, beschreibt ihn aber nicht. Die einzige Beschreibung, auf die sich auch Rudolf Steiner bezieht, findet sich bei Albrecht von Scharfenberg *(JT, 329-439, W*; siehe das im Vorwort erwähnte Werk «Sigune und Schionatulander»). Für Rudolf Steiner steht der Gralstempel in der Kunstgeschichte als Idealbau zwischen dem gotischen Dom und dem ersten Goetheanum.

Gestalten

Gahmuret

30

Got wîse mich der saelden wege (P, I,8.16)
«Möge Gott mich wonnevolle Wege führen!» (Wilhelm Stapel)

Mit diesem Wort verabschiedet sich ein dem modernen Menschen nahestehender Charakter, Gahmuret, als er jung in ferne Lande zieht, von seinem Bruder Galoes, dem Erben des väterlichen Königreiches. Es ist ein Wort, das zeigt, wie er nicht voll versteht, was seine Sehnsucht sucht. Saelde, so erklärt es Rudolf Steiner, ist «das bewußte Zusammenführen mit den Göttern» (3. Dezember 1905, Köln)[28], also Einführung in die Mysterien. Bei Parzival ist Saelde dann, in neuer Sicht, «kein anderes Leben als das, welches spirituelles Wissen über die Bewußtseinsseele ergießt» (5. Februar 1913, Berlin).[29] Man könnte sich denken, Gepflogenheit mittelalterlicher Adepten sei es gewesen, ihren Meister mit dem Wort «got wîse mich der saelden wege» zu grüßen, Gahmuret sagt es naiv.

Er, der Vater, ist ein Gegensatz zu Parzival, dem Sohn. Parzival ist ursprünglich dumpf, aber er verwirklicht das sokratisch-platonische Prinzip von der Lehrbarkeit der Tugend. Gahmuret strömt von Natur aus über von Tüchtigkeit, aber er bringt sich seinen eigenen Wert nie voll zum Bewußtsein. Bei Parzival ist der Instinkt für die Geistesziele so stark, daß solcher schon früh als Eingebung zu Lebensentschlüssen in seine Gedanken dringt. So als er von seinem höfischen Lehrer Gurnemanz die glücklichste Karriere angeboten erhält und diese, ein neuer Herkules am Scheideweg, mit der moralischen Intuition zurückweist (*III,177, 5-7*):

in dûhte, wert gedinge
daz waere ein hôhiu linge
ze disem lîbe hie unt dort.
«Ihm schien, ein edler Sinn wäre ein hohes Gelingen, dieses Menschenlebens hier und im Himmel.» (Wilhelm Stapel)

In der Sprache Wolframs von Eschenbach fortfahrend spricht Goethe dieses *hie unt dort* auf seine Weise in dem Fragment «Die Geheimnisse» aus:

«Denn alle Kraft dringt vorwärts in die Weite,
Zu leben und zu wirken hier und dort.» –

Gahmuret hat nur ein irdisches Ziel im Auge, Ruhm, allenfalls Nachruhm zu erwerben. Aber seine Schicksalsempfindung ist lebhaft, die ihn der Erdendinge überhebt, und er bejaht sie:

...es ist mir sus gewant. (I,11,8)
Mir ist solche Lebenswende beschieden.

Seine Bescheidenheit, seine Treue zu sich selbst und sein Drang zur Wahrhaftigkeit erhalten uns rein sein Bild. Wir empfinden ihn zeitlebens als einen in unbekannte Ferne Schweifenden.

31

Für jeden kommt im Leben die Stunde, wo er sich erstmalig seiner Bestimmung zur Freiheit bewußt wird. Da trifft jeder auf eine andere Ausgangs-Konstellation seines Schicksals. Für Gahmuret hat das Schicksal zwei Komponenten vorbereitet, die seinen Weg bestimmen möchten; er wählt eine mittlere, seine eigene Richtung. Nach «römischem Recht» ohne Erbteil an dem Lande, scheint er zur Besitzlosigkeit prädestiniert. Aber der warmfühlende Bruder, auf Fürbitte der Fürsten und im Einklang mit der Mutter, möchte alles mit ihm teilen, um Gott, der über Geben und Nehmen richtet, zu gefallen. – Es soll nicht römisches, sondern göttliches Recht, nicht Jus, sondern Fas walten.

Doch für Gahmuret ist Gott nicht im Erbstrom, nicht im Herkömmlichen, nicht im Mutterschoß zu finden. Gott ist mit dem Fortschritt, dem Wandel, dem Weg. Reich ausgestattet zieht er in die Ferne. Ein Prinzip zieht ihn an, das so, wie er es sich anpaßt, ein ihm gemäßes Wirken ermöglicht: Jenes Gottesgnadentum des Ostens, das in der Verwaltung weltlichen Reiches zugleich ein geistliches Amt anerkennt, wo Göttertaten und Menschentaten noch ineinander wirkend gedacht werden. Beim Baruch in Bagdad übernimmt er Dienste. Das von Wolfram angewandte Wort *bâbestreht*, päpstliches Recht, für das am Hofe des Baruch die Lebensverhältnisse ordnende Prinzip, ist gewiß im Hinblick auf Gahmuret bemerkenswert.

Indem Gahmuret nur bei dem, der keinen Mächtigeren der Erde mehr über sich hat, in Dienst treten will, lebt in seinem Herzen ein Christophorus-Motiv. Zwischen der Götterwelt der östlichen Menschen und seinem von der Taufe her auferbauten christlichen Bewußtsein gibt es mannigfaltige und schicksalbeeinflussende Berührungen. Er wird als von den Göttern gesandt angesehen *(I, 21,7)*, nach seinem Tode selbst als ein Gott verehrt *(II, 107, 19/20)*. Wiederum verläßt er seine heidnische Gemahlin Belakane (Pelikane), mit der Begründung, daß nur ihr Empfang der Taufe sie mit ihm wieder vereinigen könnte (*I,56, 25/26*). Später muß Herzeloyde im Kampf um das Anrecht, das sie an Gahmuret zur Ehe erworben hat, die schärfsten Rechtsmittel aufbieten, unter denen sie ihren Vorrang gegenüber Belakane auf die Taufe stützt (*II, 94,13*). – Man sieht, wie die Frage nach dem Recht, nach dem Gahmuret leben soll, bei ihm zeitlebens einschneidend ist.

Die Rechtsunsicherheit im Leben Gahmurets ist ein Ausfluß seiner in inneren Anlagen bedingten, an den Mysteriensinn des Wortes streifenden Heimatlosigkeit und, wenn man ihn als historische Gestalt nimmt, wahrscheinlich tief karmisch (aus früheren Erdenleben her) begründet.

Ein den Mysterien des Christentums gemäßes Recht sucht Gahmuret. Ihn wegen seiner Fehler etwa aburteilen zu wollen, auch wenn er seine Pelikane «wie ein Dieb» in der Nacht verläßt, wäre Nefas. Wo Gahmuret versagt, ist die Welt unvollkommen. Seine Leidtaten gehen in die großen Unentschiedenheiten des Daseins ein. Wir wissen ja auch von Christus nicht, wann er wie ein Dieb in der Nacht (Matth. 24) kommt, weder Tag noch Stunde.

Noch im 17. Jahrhundert haben die echten Rosenkreuzer das Heilige Römische Reich Deutscher Nation anerkannt. Das Suchen Gahmurets macht dennoch deutlich, wie sich Gralssehnsucht an den Grenzen der Staatsrechte brechen kann.

Die ihm gemäße Schicksalsumgebung sucht Gahmuret auf. Der Erforscher von Schicksalen dringt an deren Wurzeln nicht durch Grübeln und Deuteln, sondern im Wahrnehmen der offenbaren Erscheinungen heran, die auf dem Schicksalsfelde liegen. In der reinen Erzählerkunst spiegelt sich die Schicksalsschicht: Gahmurets unbewußte Gralsverbundenheit.

Hindeutungen darauf gibt es zur Genüge in der ihn umgebenden, an ihn unmittelbar angrenzenden Weltschicht. Alles Bildmäßige, mit dem er zu tun erlangt, offenbart die ihn umhüllende imaginative Schicht. Sein Haupt ist von den Imaginationen seines Schicksals umgeben. Er müßte mehr in sich ruhen können, um sie zu erkennen.

Was ihn so geisternd umschwebt, ist ein Zwiefaches. Er hat eine helle Aufbaugestalt um sich und eine dunkle Abbaugestalt. Beide gehören ihm nicht völlig an. Dazu ist er zu stark unbewußt. Aber sie ragen in besonderen Momenten in ihn herein, als Glückesschimmer und Todesschatten, oder überwältigen ihn wirklich in seltenen Stunden und im Tod.

Wir besprechen zuerst die ihn begleitende Abbaugestalt. Durch sie geht er in die Weltliteratur als tragische Gestalt ein.

Da fällt unser Blick zuerst auf *Speer* und *Blut*, die der Herzeloyde als Todeszeichen für Gahmuret überbracht und von den Edlen des Landes im Münster, an Stelle des Toten, bestattet werden (*II, 111, 15-30; 112, 1 u.2*). Speer und Blut ist die Imagination für das von den Todeskräften des Egoismus ergriffene Blut des westlichen, intellektuellen Menschen. Um den innermenschlichen Zerstörungsherd handelt es sich in Gahmurets Leben, schon bei den Kämpfen vor Patelamunt, Belakanes Stadt. Da wird von der einen Kriegspartei das Bild des toten Isenhart, die «Fahne, auf der ein durchstochener Ritter zu sehen war» (W. Stapel, *I 30, 25-26*) vorangetragen.

Die Rüstung, der *Adamas*, der gegen das Durchbohrtwerden mit dem Speer hilft, ist, während Isenhart fiel, nach dem Westen verliehen gewesen. Im Orient, wo die Menschen noch die Liebe im Blute tragen, glaubt man des Mysterienschutzes gegen den Egoismus nicht zu bedürfen. Die Mysterien müssen im Westen sein, mit deren Hilfe der Mensch sein höheres Ich im Feuer des Egoismus stählt und erhärtet. – Der Geistesgeschichtler sinnt: Wann wurde von Griechenland auf Mysteriengebiet kolonisiert? Im 8. Jahrhundert vor Christus: am Ende des Empfindungs-, am Beginn des Verstandeszeitalters. (23. Sept. 1921.[30] Vgl. Kapitel 26.)

Auf dem Haupte Gahmurets versagt, auf seinem zweiten Ostzug, der Helm Adamas, weil ein Verräter ihn an einem heißen Tag mit Bocksblut tränkte und erweichte. An einer Schwäche seines Hauptes erlag Gahmuret: die feindliche Lanze durchbohrte ihn. Das ist in der Dichtung die *erste* Totenklage.

In Parzivals Leben ragt, durch seine Bezüge zum Vater, diese Totenklage herein und wiederholt sich als Motiv zwar bei anderen Menschen, aber mit demselben Vorzeichen, dem Speer. Wir vernehmen die *zweite* Totenklage aus dem Munde Sigunes, als sie den toten Schionatulander, den einstigen Knappen Gahmurets, durchbohrt im Schoße hält (III. Buch). Und noch im selben Buch erschlägt Parzival mit dem Wurfspeer (Gabilot) seinen vaterseitigen Verwandten Ither, worauf von Artus' Tafelrunde die *dritte* Totenklage angestimmt wird. Ither hatte, mit Artus rechtend, von dessen Becher Besitz ergriffen und versehentlich den Wein verschüttet, der hier vollkommen als Bild für das Blut, das vom Egoismus gepackt ist, am Platze ist. Artus sagt über ihn: «Er stieß mir den Speer der Traurigkeit durch den Schild der Freude» (W. Stapel) dadurch, daß er zornig ward. (Im Original: *der trûren mir durch freude stiez, III, 150, 10.*) Als Parzival die Waffen des toten Ither an sich nahm, wollte er dessen Speer nicht und sagte: «Wozu braucht man das?»

Alle diese von Totenklagen begleiteten Speermotive sind, innerhalb der Dichtung, Vorbereitung auf die Imagination der blutenden Lanze auf der Gralsburg, wie sie da Parzival zu Gesicht kommt (*V, 231, 15-30*). Sigune, die in der zweiten Begegnung mit Parzival (*V.* Buch) ihr Interesse an der Heilung des Anfortas und ihr Wissen um den Weg der Saelde offenbart, erinnert Parzival an die Wunder der Gralsburg, namentlich an den *«bluotec sper»* (*255,11*). Ebenso auch, zu ihrer Zeit, Kundrie und Trevrizent.

Gahmurets Herz ist zu Zeiten, als Ausdruck seines Verweilens an der Grenze dieser Geheimnisse, subjektiv von Todesschatten und Trübnis umwölkt. Kein Schauender, doch ein Trauernder, so in Kanvoleis, nach siegreich beendetem Turnier. Mit großen Hoffnungen ist er ausgezogen, die zu verbildlichen er den hellen *Anker* (statt des väterlichen Wappens, des steirischen Panthers) auf all seine Gewänder heftete. «Doch seine Anker fanden nirgends Grund, nicht auf festem Land und nicht im Hafen» (W. Stapel, *14, 29/30*) – und nach Empfang der Todesnachricht von seinem Bruder hören wir ihn sagen: «Wie hat nun meines Ankers Spitze im Leide Grund gefunden!» (*92, 12/13*). Er versinkt, während Herzeloyde um ihn wirbt, in traurige Unschlüssigkeit. Endlich bricht Herzeloydes *Sonne* sieghaft durch das Gewölk, seinen unerlösten *Mond* bescheinend.

Man sieht hier Gralsmotive biographiebildend auftreten und bis in das Temperament von Persönlichkeiten einwirken.

33

Wir haben von der *Heiligung* des Leibes, trotz dem unerläßlichen Zerstörungsherd in ihm, als einem Ziel der Gralspflege gesprochen (Kap. 24). In alle Zeit hinein kann, als Folge der einmaligen Innewohnung des Christuswesens in einem Menschenleib, menschliches Leibesdasein geheiligt werden.

Durch die Strukturgebung seiner Taten hat Gahmuret an diesem allgemeinen Menschheitsziel teil. Das *Kreuz* ist als ordnendes Prinzip in sein Tun eingeschrieben. Dadurch gewahren wir an ihm die Umrisse einer Aufbaugestalt.

Nicht «das Feenblut» in ihm ist gemeint, das ihn auch zu vergänglichem Glück emporreißen kann, sondern die dem «Lamm Gottes» sich beugende Natur, «das die niedere Natur an sich nimmt, um diese niedere Natur zu erlösen» (Rudolf Steiner). Sein weiser Meisterknappe erkennt diese höhere Natur in Gahmuret und bittet in diesem Sinne für seinen gefallenen Herrn (*105, 22-24*):

> *den man noch mâlet für daz lamp*
> *und ouchz kriuze in sîne klân,*
> *den erbarme daz tâ wart getân.*
>
> «Er, den man als Lamm malt, das mit dem Fuß das Kreuz hält, erbarme sich dessen, was da getan ward.» (W. St.)

Vorbereitend für die Aufbaugestalt in Gahmuret ist bei ihm die *Musik*, denn er verabsäumt es nie, in eine Stadt einzuziehen, ohne an der Spitze seines Zuges ein kleines Orchester marschieren zu lassen. Bardentum, Keltentum, vielleicht Urösterreichertum[32] vereinigen sich hier zur Blüte eines «Sieges der Empfindungsseele über den Empfindungsleib»[33], als welchen Rudolf Steiner die musikalische Kunst bezeichnet.

Im Gebrauche seiner Ausstattung folgt Gahmuret einer von höheren Gesichtspunkten geleiteten Phantasie. Der weise oder auch goldene Anker als sein Symbol wurde schon erwähnt; ebenso sinngemäß für die Hoffnung ist seine Vorliebe für die *grüne* Achmardiseide, die er verwendet. Sein Gebrauch dieses Stoffes bereitet uns auf den Anblick des Grales vor, der auf einer Decke von Achmardi getragen wird.

Sechzehn Knappen nennt Gahmuret sein eigen; vier weitere werden dieser Schar zugeteilt; vier Tragschreine voll Sachen führt er mit; sechzehn Tore (acht gegen Westen, acht gegen Osten) hat die Stadt Patelamunt, die er von ihren Feinden befreit. Dabei fällt er 24 Ritter und führt ihrer 3 als Gefangene in die Stadt. Das Konstruktive, Baumeisterliche seines Wesens kommt in diesen Zahlen zum Ausdruck. Diese bereiten die Blickeskraft auf die Erfassung der Struktur der Gralsburg vor.

Sachgemäß *verschwiegen* und erst von Trevrizent dem Parzival offenbart wird sein der Welt unoffenbares Eindringen in die Geheimnisse, die aus Herzeloyde strahlen, die Geheimnisse der Gralswelt.

Sein *Grab* ist etwas Einzigartiges. Durch eine Deckplatte aus rotem Rubin kann man seinen einbalsamierten Leichnam drinnen ruhen sehen. Über der Ruhestätte erhebt sich ein *grünes* Smaragdkreuz mit dem Adamas darüber und mit einer Inschrift, dem *Epitaphium* – ein Wort, das ebenso auch für die auf dem Grale leuchtende übersinnliche Schrift gebraucht wird. Die besondere Grabinschrift bedeutet wohl, daß ein Ziel des Grales, die Heiligung des Leibes, an Gahmuret, auch ohne dessen eigentliche Gralsschulung, erreicht wurde. Damit ist dem Universellen des Gralsgedankens – denn in ein über alles Sondernde von Familie, Volk und Rasse Erhabenes arbeitete sich Gahmuret durch sein Schicksal hinein – ein leuchtendes Denkmal gesetzt.

34

Wir sehen im Falle Gahmuret das Ökumenische des Gralsgedankens Seelen ergreifen und sie mitten in tragischen Geschicken (des Zeitalters) zu mystischen Resultaten reifen, ohne daß sie in den Gral selbst eingeweiht würden. Die Liebe des Grals bestimmt sie gleichsam zu Novizen. Und das Sonnenauge Herzeloydes erspäht in Gahmuret den geeigneten Vater ihres Gralssprossen, Parzivals.

Vielleicht in keiner Szene seines Lebens kommt das Vorläufige und Vorläuferische des Gahmuret-Schicksals so schlagend zum Ausdruck wie bei seinem Einzug in die Stadt Kanvoleis, wo Herzeloyde das Turnier ausgeschrieben hat, das ihr einen Gatten bringen soll. Schon am Vorabend des Festes lassen Stimmung und Vorfreude die erste leichte Berührung der Teilnehmer zu Pferde zu einem ernsten Kampfe anschwellen, der mit dem eindeutigen Siege Gahmurets endet – so daß das Hauptturnier dann gar nicht mehr stattfindet, sondern nur noch abgesagt werden kann. Dieses Vorwärtsdrängen und dann Zurücksinken, diese Vesper-Stimmung schwebt über Gahmurets ganzem, früh vollendeten Lebenslauf.

Gahmurets Gestalt ist von solchen Kräften umgeistert, für deren zulängliche Schilderung man die Imagination braucht. Bei Parzival bedürfte es zusätzlich der Inspiration und bei Trevrizent sogar der Intuition.

Parzival

35

Wer einen Sinn für die Dinge hat, sieht den «Parzival» in einer Sprache entstehen, die ihm allein zusagen kann. In ihr wehen die herben Lüfte, welche die kühlen Knospen der Bewußtseinsseele begünstigen. In ihr öffnet die Muse den Mund, auf den das keusche Siegel der Sterne gedrückt ist. Diese Sprache hat den Fall ins Feste noch nicht bewerkstelligt. Sie ist noch unverstellt. Sie verfügt über den leise grübelnden Zug, durch den sie in ein zartes Grübchen ihres Gesichtes eingräbt, was sie noch nicht voll versteht. So wirbt Wolfram um sein Mittelhochdeutsch.

Der «*wîse meister*» galt als sprachgewaltig. Die Ehe mit seiner Sprache war ihm gesegnet. Es entsprang ihr ein fruchtbares Hell-Dunkel, in das er mit psychologischer Meisterschaft einzukleiden wußte, was Zustände der nach dem Geiste strebenden neueren Seele sind: *tumpheit, zwîfel, saelde*. Dieses ungewiß webende Halbdunkel, in dem selbst das Licht des Tages zweifelhaft wird, bis ein aus der Seele hervorbrechendes Licht es bricht, ist Wolframs eigene Schöpfung. Hier bereitet er einen Stil vor, der in der Malerei erst nach ihm kam.

Ein «Gott, der einen guten Tag hatte, als er Parzival schuf», läßt sein Geschöpf unter dem Gesichtswinkel der Kunst betrachten. Ein Mensch, schön wie Adam vor dem Sündenfall, dem selbst seine Herkunft und sein Name zunächst im Dunkeln bleiben! Ein sehnsüchtiger Drang seiner Brust bringt den Knaben zuerst auf die Fährte des Königs Artus und seiner Ritterschaft. Aber noch steht er, ohne es zu wissen, im Bann dessen, was sein Vater schon abgelegt hat, es durchdumpft ihn, was übrig geblieben ist von dessen Abbaugestalt. In diesem Zwang erschlägt er den Roten Ritter, begibt er sich in die spanischen Stiefel der höfischen Zucht bei Gurnemanz. Das größte Verdienst um ihn hat seine Mutter, weil sie ihn so erzogen hat, daß sein Geist bei allen Verheißungen der Welt sich treu bleibt, sich leidensfähig und schicksalsbewältigend erweist, Staunen, Mitleid und Gewissen hervorbringt und ihn zu Christus emporhebt, der alles neu macht. Hier findet ihn die Liebe des Grals in seinem Wesensmittelpunkt.

In einem während des ersten Weltkrieges gehaltenen Vortrag spricht Rudolf Steiner über die orientierende Macht des paulinischen Wortes «Nicht ich, sondern der Christus in mir», welches dem Menschen die Sicherheit gibt, die Mitte innezuhalten zwischen den von links und von rechts durch die Widersacher Luzifer und Ahriman erregten Abirrungen vom rechten Weg. Er gebraucht da zur näheren Charakterisierung dieser aus der Gegenwart geschöpften Verhältnisse das auffallende, nicht näher erläuterte Wort: «Der Christus aber steht inmitten als derjenige, der das Parzival-Element in die neuere Zeit heraufbringt.»[34]

Über seine Ehe mit Kondwiramur sagte Rudolf Steiner zu Walter Johannes Stein: «Parzival sah Kondwiramur durch lange Zeit hindurch nicht. Mehr als *fünf* Jahre waren vergangen, seit er sie nicht mehr gesehen hatte. Aber darauf kommt es nicht an, wieviele Jahre oder Monate oder Tage vergangen waren, nachdem einmal fünf Jahre der Trennung waren. *Auf die fünf Jahre kam es an.* Denn,» sagte Dr. Steiner, «nach fünfjähriger Trennung erlischt die Liebe. Es bleibt wohl noch etwas, nämlich die Sehnsucht nach Liebe ... Man unterschied Liebe und Sehnsucht nach Liebe. Auch bei Dante fänden sich ähnliche Begriffe. – Hätte die Liebe fortdauern sollen, dann hätte Parzival Kondwiramur sehen müssen, ehe fünf Jahre um waren. Der Dichter will uns also sagen: Als Parzival nun Kondwiramur begegnete, war seine Beziehung zu ihr erloschen und mußte aus dem bewußten Wollen heraus erneuert werden.» (Vgl. auch Kap. 28.)

Und noch eine andere Stelle aus dem Buche von W. J. Stein sei angeführt. Dr. Steiner: «Daß die Parzivalbilder immer zweimal kommen, beruht darauf, daß zuerst immer das Alte erlebt wird. Dann wird es als Neues erlebt, aus der Geistesquelle erneut, dann erst kann man es brauchen. Übrigens haben alle Gralbilder einen historischen und einen allgemein menschlichen Sinn. Man muß z. B. als Mensch immer wieder zur Quelle zurück, wie Parzival, der seine Verbindung mit dem Geistesquell dadurch aufrecht erhält, daß er immer wieder nach jeder Tat die besiegten Ritter als Boten der Frau sendet, die den Quell hütet.»[35]

Zweimal zwei Mal kommen im Epos die Sigunen-Bilder (Begegnungen Parzivals mit Sigune im III., V., IX., XVI. Buch) vor; zweimal Trevrizent (IX., XVI.) zweimal Kundrie (VI., XV./XVI.), zweimal auch Kondwiramur. All das hat Bezug auf Parzivals Wesen. Er ist der Künstler, der alles neu macht. Zweimal steht er vor dem Gral (Siehe Fig. 5, S. 104).

Die erste Sigunen-Episode ist berühmt wegen der Namennennung Parzivals. Der Knabe ist soeben erst von der Mutter ausgezogen. Das Dichterwort führt ihn nun durch die Welt. Aber wie? Wolfram gestaltet die Sigune stets mehr oder weniger lyrisch, zur Einkehr der Seele mahnend. Es beginnt mit den Klagerufen Sigunes, die als «Jammer, zerbrochene Freude» tönen:

wîbes Stimme er hôrte
vor eines velses orte

Fig. 5

Die gleichsam musikalischen Einsätze von Sigune, Trevrizent und Kundrie im «Parzival»-Epos, verteilt auf dessen Bücher. Mit den Notenwerten wird Dauer und Tempo des Einsatzes oder der Partie veranschaulicht. Bei ihren eingeklammerten Noten läßt sich Kundrie gleichsam nur hinter der Bühne hören.

Parzival hört also vor einer Felswand eine weibliche Stimme mit der Vokalisation

I – I – O
O – E – O

Man beachte bei lautem Lesen, daß es zwei Zeilen mit je drei Hochtönen sind, und wir schlagen die Betonung vor:

wìbes stìmm(e) er hòrte
vòr eines vèlses òrte

wodurch auch die Alliteration *vor – velses* zur Geltung kommt und die ganze Örtlichkeit im knappen Bild vor unseren Augen steht (*P, III, 138, 11-14*):

ein frouwe ûz rehtem jâmer schrei:
ir was diu wâre freude enzwei.
«Vor einem Felsabhang schrie eine Frau aus tiefer Not, ihre ganze Freude war zerbrochen.» (W. St.)

Parzival wird neugierig. Lust vom Schauen («I») und Leid vom Hören («O») ringen in seiner Brust um die Wortergreifung. Sigune hält den toten Bräutigam im Schoß. Aber dem Dichter kommt es weiter auf das Hören an. Wir sollen hören und hören:

nu hoeret, was die frouwe tuo. (138, 16)
nu hoert ouch von Sigunen sagn: (139, 23)
nu hoert in rehter nennen ... (140, 11)

(d. h. Parzival bei seinem Namen nennen.) Nach dem sorgfältig vorbereiteten Horchen ist die Namennennung «Parzival» aus dem Munde Sigunes der Höhepunkt dieser mit so viel Akustik untermalten Begegnung (*140, 16/17*):

deiswâr du heizest Parzivâl.
der nam ist rehte enmitten durch.
«Wahrlich, du heißest Parzival. Der Name ist recht mitten durch.» (W. St.)

Was hat man nicht alles herbeigeholt, um diesen Zusatz Sigunes zum Namen Parzival zu erklären! Und wie weit hat man sich mit all diesen gelehrten Deutungen von der Kunst entfernt, indem man Sigune zu einer Art Professorin der Philologie machte. Es kann einem bei diesem Vers (*140, 17*) so einfach zu Mute werden wie an der Stelle, wo, in den Vorträgen «Kunstgeschichte als Abbild innerer geistiger Impulse», Rudolf Steiner im Anblick des Kupferstiches «Die Melancholie» von Dürer alle gelehrten Ausdeutungen mit sanfter Entschiedenheit zurückweist und sagt, daß in diesem Bilde einfach das Weichen der Schwarzfärbung vor dem Licht, geheimnisvoller Vorgang genug, empfunden und dargestellt ist. Wirklich, auch unser schlichter Vers, vor dem geschärften Gehörsinn ausgesprochen, malt zunächst einmal gar nichts anderes als ein Lautgeheimnis, die Vokalisation des Namens Parzival:

A – I – A
Pár-zi-vál

Die Lautfolge führt vom a kommend mitten durch das enge i, um sich wieder im a zu verbreitern. (Das wiederholte Wort *reht* stellt in Verbindung mit *140,11* den Bezug zum Hören her.)

Der künstlerische Eindruck verstärkt sich gewaltig und das Lehrhafte läßt sich auf diese Weise eliminieren.

Und was hören wir jetzt mit der Seele heraus? Parzivals Name verrät uns eine Wegspur seines Wesens. Das zweite A erklingt nicht mehr wie das erste, sondern anders, weil es durch das I hindurchgegangen ist. Der Schritt vom A zum I ist ein anderer wie der vom I zum A. Die Grundfarbe des A, Grund, worauf Parzivals Wesen ruht, ist das Staunen. Im Intervall zwischen A und I (dem Schmerzensruf *ay*) ist das Mitleid und in der Umkehrung I – A (*jâ*) das Gewissen.

Spur eines solchen Wallens durch die Welt im ernsten Dreischritt über neueren Mysterienboden prägt in der Parzivaldichtung manches Wort, wenn man fein genug hört. Es sei hier nur auf eine Stelle hingewiesen.

Kundrie hat wegen seines ersten Versagens auf der Gralsburg Parzival verflucht und reitet mit dem Ruf von dannen, in dem die Lautfolge A – I zweimal kommt (*VI, 318, 29*):

ay Munsalvaesche, jâmers zil!

Worauf etwas später, wie ein inneres Echo auf Kundries Ruf, der Gefühlsausbruch Parzivals erfolgt (*330, 29/30*):

ay helfeloser Anfortas
was half dich, daz ich pî dir was?
«O du hilfloser Anfortas, was half es dir, daß ich bei dir war?» (W. St.)

Dreifach überfließendes Mitleid – *ay, was half dich, daz ich* (a-i, a-i, a-i) – und hierauf anklingend das Gewissen: *pî dir was* (i-a).

Diese Beispiele mögen den Eindruck des Namens Parzival als eines Mysteriennamens bekräftigen.

Der aus antiken Mysterienliedern bekannte Ruf des *Leides* «ai» (siehe Albert Steffen, «Frührot der Mysteriendichtung»),[36] in der Zeitenwende gewendet in den Ausdruck des *Mitleides*, findet sich auch vor allem in der Mitleidsfrage Parzivals (XVI, 795, 29)

was wirret dir? (a – i – i)

Über sie wolle man Kapitel 8 vergleichen.

Und das *Gewissen* ist es, das dem verinnerlicht-christlichen Menschen das freudige Ja-Sagen – zum Schicksal nämlich und seinen Gesetzen – ermöglicht. Trevrizent (*IX, 493, 30*):

wenne suln sie freude sprechen jâ?
«Wann endlich dürfen sie ja sagen zur Freude?» (W. St.)

Zu den bedeutendsten Selbstzeugnissen Wolframs (vgl. Kap. 5) gehört sein Zwiegespräch mit der Frau Aventüre, mit dem wir am Eingang des IX. Buches stehen, dem unsere Darstellung von hier an zu folgen haben wird (*433, 1-3,7*):

«Tut auf! Wem? Wer seid Ihr?»
«Ich will ins Herz hinein zu dir.»
So begehrt ihr engen Raum . . .
Seid Ihr's, Frau Aventüre?

Anknüpfend an das Zwiegespräch des Dichters mit der Frau Aventüre, die nicht mehr wie die Muse Homers von außen her inspiriert, sondern Einlaß in den intimen Raum des Herzens begehrt, sei versucht den Gebrauch des Wortes *âventiure* an solcher bedeutenden Schriftstelle klarzulegen.

Aventiure kommt von adventus, Ankunft. Die Muse, die Wolfram inspiriert, ist mit einer der *fünf* klugen Jungfrauen zu vergleichen, die nach dem Gleichnis auf die Ankunft des Herrn warten (Matth. 25, 1-13). Das Leben in der Erwartungsstimmung der Gnade, das erwartungsvolle *Leben* ist *Aventiure*. Es muß beachtet werden, daß auf denselben Seiten des Gedichtes, da *Wolfram* mit der Aventüre redet, *Parzival* ausreitet, um die Aventüre zu suchen (*435,10/11*), und abermals der Sigune begegnet. Und so wie Parzival die Gnade Gottes erlangt, der ihn seinen geistigen Lehrer finden läßt, so auch ist die dichterische Inspiration ein Akt der göttlichen Begnadung.

Trevrizent aber begrüßt den Parzival weiter mit den Worten (*456, 16-20*):

> Hat Euch Aventüre
> Ausgesandt um Minnesold,
> Seid Ihr rechter Minne hold,
> So minnt, wie heut die Minne will,
> Dieses Tages Minne nehmt zum Ziel.

Damit scheint ausdrücklich gesagt, daß man durch *aventiure* die Gottesminne, die Gottesliebe, die vom Karfreitage her ausströmt, erlangen kann, die Gnade der geistigen Welt.

Es sei hier mit Absicht in der *poetischen* Form der Übertragung nach Simrock zitiert, um auch stilistisch auf die Übereinstimmung des Unternehmens Parzivals mit dem Unternehmen des *Gralsdichters* hinzuweisen. Wir haben frei nach Simrock zitiert (Simrock schreibt «Abenteuer» für *aventiure*, was in der Auffassung daneben geht), weil bei Wolfram zum Ausdruck kommen soll, daß sich die Ankunft des Herrn für Parzival an diesem Karfreitag, da er zum Einsiedler kommt *(als disses tages minne stêt, IX 456, 20)*, erfüllt, so daß Trevrizent mit Recht zu ihm sagen kann: «So minnt, wie heut die Minne will».

Wolfram gibt somit als seine Inspirationsquelle dieselbe Wesenhaftigkeit an, mit der auch der Mystiker verkehrt, der erwartungsvoll der Gnade entgegenlebt. Bernhard von Clairvaux, der von der Seele als der Braut Christi spricht, wußte auch etwas über die dreimalige Ankunft des Herrn in der Welt auszusagen. Seine erste Ankunft war in der Vergangenheit, in carne et infirmitate, im

Fleische und in der Schwäche. Seine zweite Ankunft geschieht in der gegenwärtigen Menschenseele in spiritu et virtute, im Geiste und in der Tugend. Die dritte und letzte Ankunft wird am Ende der Erdenzeit, in gloria et majestate erfolgen.

Im fünften Jahr kommt Perceval am Karfreitag zum Einsiedler, der ihn auf das Mysterium von Golgatha hinweist. Er behält ihn über Ostern bei sich – die drei Tage, welche die größte Wende in Percevals Leben bedeuten (nach Chrestien).

Der Darstellung Wolframs zufolge blieb Parzival bei Trevrizent fünfzehn Tage *(IX 501, 11, sus was er dâ fünfzehen tage*; Simrock überträgt dies nicht richtig: «So blieb er bei ihm vierzehn Tage». Siehe Kap. 45.)

Man feiert von altersher die Auferstehung des Herrn am Sonntag nach dem ersten auf die Frühlings-Tag- und -Nachtgleiche folgenden Vollmond. Es ist das die Osterregel. Deshalb ist Ostern ein bewegliches Fest, das in jedem Jahr auf ein anderes Datum fällt. – In Percevals Leben bildet nun das Osterfest nicht nur den zufälligen Anlaß für das wichtige Ereignis eines Besuches. Sondern es bildet der Inhalt des Osterfestes auch den wichtigsten Inhalt in diesem Leben selbst. In seiner Biographie wird die Osterregel Person. Das ist ein Zug von einer solchen Größe, wie sie keine bloße Dichtung aussinnen kann. Es zeigt sich darin die Wirksamkeit einer Individualität, die vom Mond zur Sonne hingeschritten ist:

> «Mondessichel faß und Sonnenscheibe,
> Bau damit an deinem Sterbeleibe.»[37]

In dieser, in Percevals Schicksalssprache reden auch am Karfreitag die Edelleute und edlen Frauen, die ihm begegnen und ihn, daß er Waffen trage, tadeln:

> Denn heute wurde der ans Kreuz geschlagen, der um dreißig Silberlinge verkauft wurde ... Er ward von der Jungfrau-Mutter geboren und nahm mit der Heiligen Göttlichkeit Gestalt und Seele eines Menschen an. An einem Tage wie dem heutigen wurde er in Wahrheit an das Kreuz geschlagen und befreite alle seine Freunde aus der Hölle. Gar heilig war dieser Tod, der die Lebenden erlöste und die Toten vom Tode zum Leben wieder erweckte.

Die Edelleute weisen ihn zu dem Einsiedler. Durchbebt von

seinem Schicksalsmotiv bricht Perceval in den Ruf aus: «Bei Gott ihr Herren, was tatet ihr dort? Was *fragtet* ihr, was suchtet ihr?» – «Was wir suchten und *fragten*, Herr?» entgegnete eine der edlen Frauen, «wir *fragten* dort um Rat.»[38]

Dieser Karfreitag ist ein solcher, der, im beweglichen Reigen der Feste, mit dem *wirklichen* Todestag Christi übereinstimmt. Beide Meister, die diesen denkwürdigen Tag behandelt haben, Chrestien und Wolfram, bringen dies übereinstimmend zum Ausdruck:

> Denn *heute* wurde der ans Kreuz geschlagen ... (Chrestien)
>
> Und *heut'* für uns am Kreuz gestorben, (Wolfram, *P, IX, 448, 4*)

Der Tag ist wichtig, weil die Urtatsachen des Grales, wie man bei Robert de Boron sah, auf die Kreuzigung zurückgehen. Und die Geschehnisse des Grales sind nicht nur im Raume gewesen, sondern sie pflanzen sich in Zeitenrhythmen durch das Werden der Menschheit fort. Die Jahresfeste wiederum bieten den Schülern des Grals die Gelegenheit, sich dem Grale zu nahen und sich mit seiner Entwicklung durch die Zeiten zu identifizieren.

Rudolf Steiner hat als den wahren Todestag Christi den 3. April des Jahres 33 angegeben. Diese Angabe entspricht den Intentionen der Gralsdichter besser als diejenige von Dante, der seine Wanderung in die übersinnlichen (bzw. untersinnlichen) Gebiete der Divina Commedia bekanntlich am Karfreitag des Jahres 1300, einem 25. März, antrat. Er bezeichnete, hierin einer Tradition der Kirchenväter folgend, den 25. März sowohl als Frühlingsanfang als auch als Todestag Christi. Chrestien de Troyes erwähnt jedoch ausdrücklich den Monat April für das Karfreitagserlebnis Percevals.

Wolfram von Eschenbach geht in der Zeitbestimmung noch weiter, indem er einerseits der Beweglichkeit des Osterfestes dadurch Rechnung trägt, daß er den Gral alljährlich am Karfreitag durch die Botschaft der *Taube* erneuert werden läßt. Andererseits gliedert er noch andere Rhythmen in Parzivals Leben konzentrisch um das Osterfest, wodurch ein überraschender Bezug der Biographie des Gralssuchers zum Urkarfreitag, dem 3. April, zu Tage tritt.

Es gliedert sich nämlich der 3. April, als Datum genommen, am vollkommensten in den vom reitenden Parzival geistig durchlebten Jahreslauf ein. Nachdem er, im Schneewetter zur Frühlingszeit arg mitgenommen, vom Einsiedler in seiner Behausung aufgenommen und am Kohlenfeuer erwarmt ist, erinnert ihn dieser an die Zeit, die verstrichen ist, seit Perceval mit der Gutmachung seiner Mängel begann. Es war dies damals, als er, soeben von der Gralsburg kommend, zum ersten Mal unwissend an der Stätte, wo der Klausner haust, vorüberkam. An Hand eines Psalters, also eines liturgischen Gesangbuches für die Sonn- und Feiertage des Jahres, stellt der Einsiedler fest, daß die Frist von «viereinhalb Jahren und drei Tagen» verstrichen ist.

Mit dem «halben Jahr» zieht der Dichter bedeutungsvoll die Jahresachse zwischen Frühling und Herbst und er kommt mit der Hinzufügung der drei Tage, welche als solche immer für Mysterienvorgänge sprechen, auf den zeitlichen Abstand vom Karfreitag, dem 3. April, zurück zum Michaelfest am 29. September. Und es fiel die Einkehr Parzivals in die Gralsburg, vom 3. April sechs Monate und drei Tage zurückgerechnet, auf den Abend des Michaelstages, den 29. September.[39] Seither gingen fünf Winter und vier Sommer ins Land, während welcher Zeit sich der den Gral suchende Parzival an keinem Ort länger als eine Nacht aufhielt. Fünf Ostern sollte er erleben, von welchen das fünfte Osterfest mit dem Ur-Ostern zusammenfällt. Mit einer gewissen Symmetrie, ja man darf sagen Sympathie rundet die elementarisch fühlsame Natur diesen Abschnitt in Parzivals Leben dadurch in sich ab, daß damals unmittelbar nach Herbstbeginn verfrühter Schnee in den Nachsommer fiel (Parzivals Erlebnis mit den Blutstropfen im Schnee), während jetzt am Karfreitag, kurz nach Frühlingsbeginn, verspäteter Schneefall und Rückfall in Winterkälte die aufsprossende Frühlingsnatur bedroht.

Auch jene andere, dem Parzival zugemessene Frist von diesen Ostern bis zu seiner Berufung als Gralskönig kann man aus Wolfram errechnen (*P XIII, 646, 14-16*). Sie beträgt sieben Wochen. Also am unmittelbar darauffolgenden Pfingstfest wurde Parzivals wahrer *Name* in den Sternen gelesen.

Den Biographen Parzivals – und das sind die Dichter – oblag es zu zeigen, wie in dieser Individualität ein Stück Mysteriengeschichte der Menschheit Person wurde. Und wie, um dieses im christlichen Sinne zu erreichen, urbildliche, aus dem Neuen Testament erinnerte Szenen im Leben Parzivals biographie-bildend auftreten. Die Läuterung des Gralssuchers durch vier bis fünf Jahresläufe diente dann dazu, alles aus seinem Seelenleib zu entfernen, was der reinen Ausgestaltung der in seinen Lebensleib eingepflanzten christlichen Schicksalsmotive hindernd im Wege stehen konnte.

Was bei Robert Kosmologie war, wird zuerst bei Chrestien Biographie. Bei jenem wies der Auferstandene den Joseph von Arimathia auf die Bedeutung Marias hin. Nun sagte der Einsiedler zu Perceval, indem er von seiner Mutter sprach: «Du hättest nicht so lange gelebt, wenn sie dich nicht Gott dem Herrn empfohlen hätte, das wisse wohl; denn ihr Gebet hatte solche Kraft, daß Gott um ihretwillen dich vor Tod und Gefängnis behütete.»[38]

Wolfram ermangelt nicht der Hinweise, daß sich hinter dem Mutter-Kindesverhältnis, es von ferne überglänzend, ein höheres Urbild verhüllt.

Die allerhöchste Königin
Jesu ihre Brüste bot,
der für uns den scharfen Tod
am Kreuze menschlich empfing
und seine Treu' an uns beging.
...
Des weiß ich sich're Märe ... (*P, II 113, 18-22 u. 26*)

sagt Herzeloyde beim Anblick ihres Neugeborenen. MÄRE steht in der deutschen Sprache immerfort mit MOIRA (griechisch), *dem* Namen der höchsten Schicksalsregierung, im Zusammenhang.

Wolfram nennt Parzival den «Herrn der Aventüre» nicht minder als seinen eigenen Herrn (*433,29-434,2*):

Laßt hören, gebt uns Kunde,
Ist da Parzival zur Stunde,
Der uns beiden zu gebieten hat?
Ach, erhellt mir seinen Pfad.

Was heißt das? Es kann kein Zweifel darüber sein, daß Wolfram das Parzival-Ereignis mit allem, was dazu gehört, also auch das zeitweilige Versagen Parzivals, in der Geisteslage des Zeitalters fortwirkend denkt und so deutet, daß sich dies alles an der Menschheit der Gegenwart und Zukunft erfüllen möge. Er hat Tatsachen im Auge, die jedermann und darum alle angehen

(Kap. 5). Er bezeichnet Parzival als einen Menschenbruder, der sich der Ankunft des Herrn in der Seele gewachsen erwies. Darum nennt er ihn selbst seinen «Herrn». Er fühlt sich als Künder desselben. Für ihn hat die Zukunft schon begonnen. Es handelt sich darum, ihr im Geiste und in der Tugend, das ist in der Freiheit, entgegenzugehen. Es naht sich der Erlöser in spiritu et virtute. Mögen viele Menschen diesen Menschheitsadvent nicht an sich vorübergehen lassen!

39

Die Menschen, die im Verlauf des Parzivalepos auftreten, sind unzählbare Menge. Um so menschenärmer ist das IX. Buch. Im Verfolg seiner 2100 Verszeilen (oder 70 «Dreißiger») haben wir einschließlich Parzival nur acht Personen. Wir führen sie nach der Reihenfolge an: Sigune in der Klause; der ungenannte Gralsritter, der Parzival zum Kampf stellt und sein Pferd an ihn verliert; die Familie der vier Karfreitags-Wallfahrer, die Parzival nach Fontane Salvaesche weisen, und Trevrizent. Indem Parzival allen diesen Menschen nacheinander begegnet, erscheint er als *der Achte*.

Es sind große, symbolische Verhältnisse. Auf Kosten des äußeren entfaltet sich innerer Reichtum. Der schlichten Einfalt ist erhabene Vielfalt abgewonnen. Wenn Trevrizent sein Wort erhebt, ist es bald so, als ob ein ganzer Chor von Stimmen, als ob die Sterne selbst mitzusprechen begännen.

Nachdem Parzival zu Fontane Salvaesche, der Einsiedelei, in einer elementaren Naturumgebung empfangen worden ist (Fels, Wasserfall, Höhle, geschützt vor Windesluft und Sonnenlicht, ein wärmendes Kohlenfeuer – Elemente, die auf die alchimistische Seite der Trevrizent-Weisheit hindeuten) und nachdem er in das Innerste der Höhle vor einen Altar und *grünen* Reliquienschrein, dessen Bedeutung ihm erst später aufgehen kann, geführt worden, beginnt Trevrizent vor seiner heimatlosen und geängsteten Seele die Bedeutung von Jahr und Tag für eine sinnvolle Abfolge des Lebens zu entwickeln. Er macht ihn auf die Vollendung eines *fünf*-jährigen Lebensabschnittes aufmerksam, worauf ihn Parzival bittet, ihn aus seinem gottentfremdeten Zustand ins Menschliche zurückzuführen.

Der alte Sänger Homer rief, bevor er begann, die Muse an. Sein Gedicht ist vollkommen unpersönlich. Bevor Trevrizent seine episch gehaltene Rede anhebt, ruft er Gott um Beistand für sich und seinen Gesprächspartner an (*462,1*):

Got müeze uns helfen beiden.

Gott, Christus, das verbum incarnatum soll mitten unter ihnen anwesend sein. Und damit ja nichts von der Wahrheit Abweichendes im Gespräch mit unterlaufe, die Bekräftigung (*462, 25*):

Got heizt und ist diu wârheit ...

Durch diese und andere Gottesanrufe wird die Stimmung des Adventus domini, wird das Angewiesensein auf die Gnade für das Gelingen eines Mysteriengespräches hervorgehoben.

Noch ein anderes kommt in Betracht: Ein Beruhigendes, ins Gedankenvolle Leitendes. Hierin unterstützt den Dichter der Tonfall des Trochäus (Versfuß – U). Man vergegenwärtige sich die Ankunft Parzivals. Er steigt vom Pferd, der Klausner führt es am Zügel vor den Wasserfall – bedeutungsvoller Moment, als er gewissermaßen die Zügel von Parzivals Seelenführung in die Hand nimmt! – und geleitet den Gast in die Höhle. Als, nach der ersten Betrachtung der Gegenstände, Parzival schon von der Not seines Innern zu reden anheben will, unterbricht der Einsiedler die in der Regel jambisch (U –) geführte Rede mit dem trochäisch gebauten Zwischensatz (*462,3*):

rúochet ấlrerst sítzen,

– Parzival soll geruhen, sich vorerst zu setzen; dann erst wolle er weiterreden. Man fühle das Beruhigende dieser Zeile. (Ähnlich *456,22: «ruocht erbeizen, ob ichs biten muoz.»* Parzival soll seiner Bitte folgen und vom Pferd steigen. Die Dinge wirken ja in der Dichtung durch die Wiederholung.) Oder er stellt Gottes Hilfe für den in Zweifelsqual gefallenen Menschen in Aussicht und malt den Niederstieg der Menschheit durch den Sündenfall mit einem wieder aus dem Regelmaß ins Trochäische fallenden Vers vor uns hin. Dieser Trochäus lautet (*462, 17*):

fǘr der sếle sénken.

Beispiele für diesen Erniedrigung, aber auch Demut bedeutenden Gebrauch des Trochäus könnten noch vermehrt werden.

So wird der *Gral* zunächst in unser Vorstellen als ein stufenweise sich herniedersenkendes Weltgeheimnis eingeführt. Trevrizents erster gedanklich-epischer Exkurs bereitet auf den Gral vor. Er beginnt mit der Schilderung des «Streites am Himmel» und endigt beim Herunterkommen der Entscheidungsgewalt über Gut und Böse zum Menschen. In der Mitte der Weltentwicklung das Erlösungsgeheimnis. In einem durchwegs auf die Erlösung aufgebauten Kosmos ist es so, daß auf jeden Sturz der Geister oder des Menschen hin eine neue Möglichkeit des Wiederaufstieges aus der göttlichen Gnade heraus gegeben wird. Und so erbaut sich eben, indem sich dieses Gnadenprinzip mehrmals wiederholt, ein stufenweises Weltgeheimnis.

Vom pädagogischen Standpunkt aus erscheint es bemerkenswert, daß Trevrizent auf die Erweiterung der Weltinteressen Parzivals dadurch wirkt, daß er zuerst vor ihm ein großes Tableau der Himmels- und Erdgeschichte entrollt. Wir stellen dieses hier in einer Übersicht vor uns hin. Es ist gleichsam die *grüne* Decke, auf der der Gral ruht. Zum Studium der Einzelheiten müssen wir freilich auf das Original verweisen.

In der Stimmung des Trochäus:	Absinken des Weltzustandes und der Kultur	Anhalten des Falles; gebotene Möglichkeit zum Wiederaufstieg
1. Stufe	Streit im Himmel. Der Neid der Götter. Sturz Luzifers *(463, 3–14)*	Erschaffung Adams *(463, 15–18)*
2. Stufe	Streit der Adamskinder. Fall Kains, Befleckung der Mutter Erde durch das vergossene Blut Abels *(463, 23 – 464, 20)*	Erwählung der reinen Erdentochter Maria zur Mutter des Herrn *(464, 25–30)*
3. Stufe	Anwachsen des Neides der Menschen als weitere Folge der Kainstat *(464, 21/22)*	Die Menschwerdung Christi und das Mysterium von Golgatha *465, 1–30)*
4. Stufe	Die Christus-Prophezeiung der Alten. («Plato», «die Sibylle», *465, 19–27)*	Neue Seelenkräfte des freien Menschen als Folge von Christi Liebestat *(466, 1–467, 10)*

Fig. 6

Als die besondere Gnadenwirkung auf der vierten, für den heutigen Weltzustand geltenden Stufe muß die Durchleuchtung und Erkraftung des an sich finsteren Gedankens, wahrer Heroismus der Bewußtseinsseele, angesehen werden, woraus des weiteren die Kraft, sich frei für Christus entscheiden zu können, erwächst: die freie Initiative. – Diese muß etwas mit «*dem Achten*» zu tun haben.

Wissenschaft vom Gral

40

Daß Welt- und Menschheitsentwicklung an Parzivals knospendes Weltbewußtsein herangebracht wird, ist weltpädagogisch.

Heute ist es der Leser des Buches «Die Geheimwissenschaft im Umriß»[40], der sich – im Schlußkapitel – vor eine Welt- und Menschheitsentwicklung gestellt sieht, an der er mitzuschaffen berufen ist. Zwei Pole beherrschen das Kräftefeld der Zukunft: Die volle Entfaltung der persönlichen «Verstandes- und Gefühlskräfte» und das Aufsaugen der übersinnlichen Erkenntnisse als der «Wissenschaft vom Gral».

In der Begegnung, die Parzival am Karfreitag mit Trevrizent hat und die volle fünfzehn Tage währt, stehen die persönlichen Verstandes- und Gefühlskräfte (Parzivals) der Wissenschaft vom Gral gegenüber. Das «verborgene Wissen», das «anfangs recht unmerklich», später «reichlicher in das allgemeine Bewußtsein aufgenommen werden soll», sprudelt an diesem Ort – an der Quelle des Heiles, der Fontane Salvaesche. Es ist eines der weitreichendsten Gespräche in die Zukunft, die je stattgefunden haben.

Das Mysteriengespräch beider ist selbst der geheimnisvolle Gegenstand, auf den sich die ersten sieben *Bilder* über den Gral beziehen (vgl. Kap. 25).

Die persönlichen Verstandes- und Gefühlskräfte ruhen beim Menschen auf organisch-leiblicher Grundlage und werden jedes Mal aus dem Schlaf heraus erfrischt und erneuert. Sie anerkennen und eignen sich nicht nur die Gralsweisheit an, sondern sie sind selbst das Ergebnis einer unbewußten Gralswirkung. Was Wunder also, daß das Gralswort von der Seele als Wesen von ihrem Wesen empfunden wird.

Der Gral hat eine Nachtseite und eine Tagseite. – Durch sieben Sternenbezirke (*Planetensphären*) senkt sich der Nacht-Gral in das Menschenwesen hernieder. Aus ebenso vielen Lebensprozessen oder «*Lebensstufen*» (Rudolf Steiner, 29. Oktober 1921)[41] hebt der Mensch den Tag-Gral durch Herz und Haupt in das individuelle Bewußtsein empor, Denken und Initiative geeint entfaltend.

Das ist der «*Brot*»-Spender Gral: Die Zusammenfassung der Kräfte des geistigen Kosmos im innersten Selbst-Sein[42].

Es handelt sich nun darum, daß bei Wolfram von Eschenbach in je ein solches Bild vom Gral der ganze Vorgang, angefangen von der nächtlichen Impulsierung durch ein planetarisches Erlebnis bis zum Aktuellwerden der Nachwirkung im Selbstbewußtsein, imaginativ hereingefaßt ist. Es sind alles, was das «Brot» betrifft, Aufwache-Bilder, wie sie des Morgens beim Erwachen erlebt werden können.

Zwar werden vom Dichter die «sieben Sterne» hier nicht, wie dies an einer anderen Stelle geschieht (durch Kundrie, *XV, 782*) ausdrücklich genannt, doch fühlt man ihre Qualität durch jedes Bild hindurch. Man hatte bisher noch kaum bemerkt, daß es sieben Bilder sind.

P IX

469 Die wehrliche Ritterschaft,
Höret, was ihr Nahrung schafft:
Sie leben von einem Stein,
Dessen Art muß edel sein.
Ist Euch der noch unbekannt,
Sein Name wird Euch hier genannt:
Er heißet Lapis exilis.

♄ Von seiner Kraft der Phönix
Verbrennt, daß er zu Asche wird
Und dann der Glut verjüngt entschwirrt.
Der Phönix schüttelt sein Gefieder
Und gewinnt so lichten Schimmer wieder,
Daß er schöner wird als eh'.

♃ Wär' einem Menschen noch so weh,
Doch stirbt er nicht denselben Tag,
Da er den Stein erschauen mag,
Und noch die nächste Woche nicht;
Auch entstellt sich nicht sein Angesicht:
Die Farbe bleibt ihm klar und rein,
Wenn er täglich schaut den Stein,
Wie in seiner besten Zeit
Einst als Jüngling oder Maid.
Säh' er den Stein zweihundert Jahr,
Ergrauen würd' ihm nicht sein Haar.
Solche Kraft dem Menschen gibt der Stein,
Daß ihm Fleisch und Gebein
Wieder jung wird gleich zur Hand:
Dieser Stein ist Gral genannt.

Dem kommt heut' eine Botschaft,
In der liegt seine größte Kraft.
470 Denn heut' ist der Karfreitag,
Da man der Sendung warten mag:
♂ Eine Taube sich vom Himmel schwingt,
Die dem Stein herniederbringt
☉ Eine Oblate weiß und klein.

Die Gabe legt sie auf den Stein:
Dann hebt mit glänzendem Gefieder
Die Taube sich zum Himmel wieder.
Alle Karfreitage
Bringt sie, was ich Euch sage.

1. Das *erste*, was Parzival von Trevrizent erfährt (*469, 8-13*), ist das Saturnwort (♄) von Todes- und Auferstehungskräften in der Menschennatur. Diese sind in das Bild des verbrennenden und aus seiner Asche neu erstehenden Vogels *Phönix* eingefaßt. In einer Zeit, in der Bilder nichts mehr galten, verlor man auch die Fähigkeit, sie zu erklären. Dieses Bild aber, können wir heute sagen, interpretiert uns selbst in unserer unsterblichen Natur. Einer Naturwissenschaft wie der Goethe'schen, die den menschlichen Sinnen traut (–«Die Sinne trügen nicht, nur der Verstand trügt» –) muß es nahe liegen, wieder auf Trevrizent zu hören. Der Ort, wo die auf die Unsterblichkeit weisende Natur im Menschen angeregt wird, ist das *Sinnesleben*. Wir kennen das Tote, das die Sinneseindrücke haben, ebenso gut wie das Belebende, das frische Eindrücke auf uns ausüben. Das «ersterbende Leben» der Sinnestätigkeit wird befeuert und erneuert, wenn wir Meditierende sind, wenn das Sinnliche sittlich, das heißt mit reinem Interesse durchglüht, erlebt wird.

Ein Künstler wie Albrecht Dürer bemerkte über die produktiv sinnende Engelgestalt seiner «Melancholie», daß ihr der Saturn aus den Augen schaue.

Schon am ersten Bild wird die Bedeutung der Initiative klar. Wer nämlich in der soeben angegebenen Richtung übt, dem erstehen – auf dem Umweg über die Aufbauerlebnisse des Schlafes – für seine künftigen Tage Tatkraft und Initiative.

2. Das *zweite* Bild (*469,14-28*) ist das vom «bewahrenden Leben» Jupiters(♃), beim Menschen an das *Nervenleben* gebunden, das ihn bei beharrlicher Meditation bis ins höchste Alter «in Fleisch und Bein» jugendfrisch erhält («bewahrendes Leben»). Das Bild schildert, wie nicht nur dieses demjenigen, der den Gral erblickt, widerfährt, sondern vorallem auch, daß er die auf den Anblick folgende Woche nicht sterben kann. Es brauchen die

aufgenommenen Nahrungsstoffe sieben Tage, um so verarbeitet in das Haupt zu gelangen, daß das letztere der Träger seelischer Initiative werden kann. Eine Angabe Rudolf Steiners in einem Vortrag am 23. April 1920[43] lautet: «Wenn morgen Sonntag ist und Sie essen, dann muß Ihr Haupt bis zum nächsten Sonntag warten, um die Früchte dieses Essens zu haben. Nach einer siebentägigen Periode geschieht eine Wiederholung desjenigen, was Sie sieben Tage vorher in Ihrem Organismus vollbracht haben. Das fühlte man und drückte gleichsam das dadurch aus, daß man sagte: die Woche hindurch braucht man, bis das Physisch-Leibliche geistig-seelisch wird.»

Saturn und Jupiter tangieren den Nerven-Sinnes-Menschen, der im Haupte lokalisiert ist.

3. und 4. Mit Hilfe des «bildenden Lebens», der aus der Marssphäre (♂) heraus angeregten Lebensbildekräfte trägt die nächtlich im Sternenall verweilende Seele die Anregungen in den mineralischen Körper zurück. Sie selbst erscheint im *dritten* Bild, das mit dem *vierten* in eins verwoben ist (*469,29-470,10*) als das Tier der Lüfte, die himmlische *Taube*. An der Umsetzung der Sternerlebnisse in die tägliche Seelenverfassung ist das rhythmische System des Menschen, *Atmung* und *Blutkreislauf*, hervorragend beteiligt. Der Zirkulations-Mensch spiegelt als ein Mikrokosmos im Organismus das ganze Planetensystem. Und so bringt im Bilde die Taube die *Oblate*, die Sonnenspeise als einen Extrakt des geistigen Kosmos hernieder und legt sie in die Gralsschale (den physischen Körper).

An dieser Stelle ist Trevrizent ergriffen von der Gewalt des Sonnenwortes (☉). Mit feierlicher Beteuerung grundiert er das Karfreitagsgespräch. («Alle Karfreitage bringt sie, *was ich euch sage.*») Die *Sprach*-kräfte im Menschen selbst ruhen auf der soeben beschriebenen organischen Grundlage. Und wenn Menschen im Gespräch vom Herzenswort ergriffen werden, so bereiten sie den Boden, daß Christus, das «verbum incarnatum», mitten unter ihnen sein kann. Das Gespräch ist der Ort für die Grundsteinlegung des Grales. Es ist zugleich der Extrakt aller im Jahreskreis fromm durchlebten Augenblicke.

Nerven-Sinnes-Mensch	1. Sinnesleben	♄	ersterbendes Leben
	2. Nervenleben	♃	bewahrendes Leben
Zirkulations-Mensch	3. Atmungsleben	♂	bildendes Leben
	4. Zirkulationsleben	☉	sich verändernde Organbilder
Stoffwechsel-Gliedmaßen-Mensch	5. Stoffwechsel	♀	stoffliche Organe
	6. Bewegungsleben	☿	kraftendes Leben
	7. Reproduktionsleben	☽	erneuertes Leben

Fig. 7

Die Lebensstufen des Menschen in Beziehung zum Kosmos
(Rudolf Steiner, 29. Oktober 1921)

41

Eng anschließend an Parzivals Bedürfnis, den Gral *erkennen* zu wollen, beginnt, sachgemäß die Initiative durch das Wort wekkend, wie wir sehen, Trevrizent die Gralsunterweisung. Für den, der die Bilder versteht, gibt er von oben nach unten gehend ein Bild des Menschen, beginnend mit dem Hauptessystem. Schon sind wir beim Brustmenschen angelangt.

Nun wendet sich die Unterweisung im Fortgang an die Geheimnisse des Stoffwechsel-Gliedmaßen-Menschen und bittet dabei, aber unausdrücklich, die «unteren Planeten» Merkur, Venus und Mond zu Wort. Bei der Interpretation der zwei zunächst folgenden Bilder sei jedoch berücksichtigt, daß die Bezeichnungen für Merkur und Venus in okkulten Schulen der Vergangenheit vertauscht worden sind, sodaß wir (fünftens) vorerst von den Venuskräften sprechen.

P IX ♀ Davon empfängt der Stein genug,
470 Was Gutes je die Erde trug
Von Essen und von Trinken,
Was im Paradies mag winken,
Die Erde mag gebären.
Ihnen soll der Stein gewähren,
Was Wildes unterm Himmel lebt,
Was läuft, fliegt oder schwebt:
Die Pfründe gibt des Grales Kraft

Der ritterlichen Bruderschaft.

☿ Doch die zum Grale sind benannt,
Hört, wie ihr Name wird bekannt.
An dem Grale ringsherum
Erscheint ein Epitaphium,
Das sie und ihr Geschlecht benennt,
Denen Gott die sel'ge Fahrt vergönnt,
Ob es Mägdlein sind ob Knaben.
Hinweg läßt sich die Schrift nicht schaben;
Doch wenn der Name gelesen ist,
Verschwindet sie zur selben Frist.
471 Sie kamen all' dahin als Kind,
Die nun dort erwachsne Leute sind.
Wohl der Mutter, die das Kind geboren,
Das zum Dienst des Grales wird erkoren!
Ob sie arm ist oder reich,
Darüber freu'n sich alle gleich,
Wenn sie ihr Kind zu rufen kommen,
Das in die Schar wird aufgenommen.
Man holt sie her aus manchen Landen;
Sie sind vor sündlichen Schanden
Dort immerdar behütet
Und im Himmel wird's vergütet:
Scheiden sie aus diesem Leben,
Wird ihnen dort das Heil gegeben.

☽ Die sich nicht entscheiden mochten,
Als Kampf ward gefochten
Zwischen Trinitas und Luzifer,
All das himmlische Heer
Mit leuchtendem Gefieder,
Zu dem Steine mußt' es nieder,
Dort zu dienen diesem Stein:
Wohl muß der hehr und edel sein.
Ob ihnen Gott die Schuld erließ,
Oder sie später ganz verstieß –
Er mochte tun, was ihm genehm.
Dem Steine dienen seitdem,

Die Gott dazu benannte,
Seinen Engel ihnen sandte.

5. Mit diesem fünften und den folgenden Bildern erweitert sich der Gesichtskreis von bisher individuellen auf Gemeinschaftserlebnisse, von persönlicher Initiative auf eine in der Gemeinschaft praktizierte *Weisheit*. Da ist zunächst das Bild vom Mahl der Gralsbrüderschaft (*470, 11-20*). Hierbei werden die Kräfte, welche die aufgenommene Nahrung im Menschen verwandeln, als überirdischen Ursprungs erkannt. Es sind dies vom ursprünglichen Paradiese her aufbewahrte, dem Menschen nur durch die Liebeswirkung des Grales (Venus ♀) immer wieder neu, gnadenweise und ohne sein Zutun gespendete Kräfte. – Es sind für den seherischen Blick die «stofflichen Organe» des Menschen dem Ätherleib nach tiergestaltet und die in der Dichtung als Speisen aufgeführten Tiergattungen der Luft, der Erde und des Wassers deuten auf diese innere Welt der Organbilder hin, die, das sei ausdrücklich betont, ursprünglich vom Sonnenleben der Oblate zu ihren Stoffwechselvorgängen angeregt werden.

6. Es kommt sechstens das «Bewegungsleben» (Merkur ☿) des Gliedmaßen-Systems ganz besonders für die Ausbildung derjenigen Seelenkräfte in Betracht, die zur Entgegennahme einer lebendigen Weisheit befähigen, der Kombinations-, Klugheits- und Weisheitskräfte. Auf eine praktische Lebensweisheit kommt es an und nicht auf eine im Kopfe ausgedachte, auf ein «kraftendes Leben». Den gemeinsamen Ursprung der Bewegungs- und der Weisheitsimpulse schildert Trevrizent in einem wunderbaren Bilde. Er weist auf das Erscheinen der *Schrift* am Heiligen Grale hin, die wir an anderer Stelle als eine Botschaft aus dem Reich der Toten kennen lernen, und schreibt ihr die Namhaftmachung derjenigen Kinder zu, die aus allen Landen zum Dienst des Grales berufen werden. Die Brüder vom Heiligen Gral, welche die Schrift zu entziffern haben, sind zugleich diejenigen, welche die Kinder in feierlicher Gesandtschaft in die Gralsburg einholen. (*470, 21-471,14.*)

Damit ist der Punkt erreicht, wo die Frage gestellt werden darf, welche über den einzelnen Lebenslauf hinausgehende Bedeutung die Pflege des Grales hat.

7. Diese Pflege muß siebentens in der Menschheit von Genera-

tion zu Generation so weitergegeben werden, wie die Menschengestalt selbst durch das vom Mond(☽)ausgehende *Reproduktionsleben* ein «erneuertes Leben» hervorbringt. Und wie der Gral ursprünglich von Engeln auf die Erde herabgetragen wurde, so muß die Verwaltung dieses höchsten Gutes von Eingeweihten besorgt werden, die wissen, daß ihr eigenes höheres Geistwesen (der Engel oder Geistesmensch) dank der Beherrschung der Mondenkräfte in einem irdischen Körper wohnen kann (*471, 15-30*).

In der Mitte der sieben Bilder erstrahlt die Oblate als Ausdruck für das «Brot» der eigentlichen Gralsspeise. Man denke auch an die Wendung «Das Wort ist Brot» in Albert Steffens «Der Sturz des Antichrist»[45], zweiter Akt.

Es sind alle sieben Bilder Wolframs von Eschenbach ein Geisteszeugnis für die ernährende Funktion des Grals beim Aufbau des irdischen Lebens, ebenso wie für das ernährende Geisteswort (Siehe Fig. 8, S. 124).

42

Wäre Parzival vollkommen, er bedürfte nichts weiter. Er höbe den Gral an seine Stirne, um durch das dargebotene Okular den Auferstandenen zu schauen. (Siehe Albert Steffen, «Alexanders Wandlung»,[46] Vierter Akt.) Ihm erstrahlte rein ein Menschenbild mit dem Willen im Denken, dem Wort im Herzen und der Weisheit in den Gliedern.

Doch ist dem nicht so. Trevrizents erster Versuch, ihn in seinem Innern mit einer höheren Welt zu verbinden, schlägt zunächst fehl. Wie könnte es anders sein! Seine Antwort zeigt ihn in der Selbsterkenntnis nicht so weit gediehen, um Herr des Grales zu sein. Trevrizent muß ihn vor Hoffart warnen. Beide Augen wallen dem Einsiedler über, als er seines in Sündenkrankheit verfallenen Bruders Anfortas gedenkt. Mit diesem Tränenausbruch geht Trevrizent, ein das Weltschicksal tragisch empfindender Geist, zum zweiten, *episch-lyrischen* Hauptteil des Gespräches über. Dieser neue Teil dient dazu, nach dem Staunen im ersten, Kräfte des Mitleides in Parzival zu wecken.

Wir treten immer mehr in das Herzstück, nicht nur des Karfreitagsgespräches, sondern auch des ganzen Epos ein. Und es zeigt sich, wie der Aufbau der ganzen Dichtung um den kritischen Punkt kreist: Versagen Parzivals – Leiden des Anfortas. Auf diesen Angelpunkt des ganzen Parzival-Problems hat Rudolf Steiner eindringlich hingewiesen, indem er zeigte, wie Parzival das Gegenstück der Abirrung des Anfortas in sich selber erst beseiti-

---

«Brot»-Spender Gral
ernährend
(Leben)
469, 2 mhd. nar («Nahrung»)

3 Dreißiger
469, 470, 471

469 (1–7) 8–13	1. Leben tragende Asche des Phönix;	erstrebendes Leben (Sinnesleben)	♄
469, 14–28	2. siebentägige Lebenserhaltung;	bewahrendes Leben (Nervenleben)	♃
469, 29–470, 4	3. rhythmisch herniederschwingende Taube	Atmungsleben (bildendes Leben)	♂
470, 5–10	4. legt die Oblate in die Gralesschale;	Zirkulationsleben (sich verändernde Organbilder)	☉
470, 11–20	5. in der Nahrungsaufnahme wirkt der Gral;	Stoffwechsel (stoffliche Organe)	♀
470, 21–471, 14	6. durch die Gralsschrift werden die Kinder berufen und geholt;	Bewegungsleben (kraftendes Leben)	☿
471, 15–30	7. die Verwaltung des Grals vom Engel erneuert.	Reproduktionsleben (erneuertes Leben).	☽

Fig. 8

Die siebenfache Aufbaugestalt des Grals im IX. Buch «Parzival».

gen muß, um zum Grale vordringen zu können, zum Beispiel im Haager Zyklus 1913:[47] «Das ist gerade auch das ungeheuer Pädagogische der Gralslegende, daß sie so in die Seelen hineinwirken konnte bei den Schülern des Heiligen Grals, daß man etwas vor sich hatte wie eine Waage: auf der einen Seite das, was bei Anfortas war, und auf der anderen das, was bei Parzival war; daß man dann wußte, das Gleichgewicht ist herzustellen.»

So ist es nur folgerecht, daß im Gespräch von hier ab die «drei Sünden» herauskommen müssen, die Parzival auf sich geladen hat in der Weise, daß sie ihn am Genusse des Grales hindern (*476, 14-18*):

neinâ hêrre guoter,
waz sagt ir nu? sprach Parzivâl.
'waer ich dan hêrre übern grâl,
der möhte mich ergetzen niht
des maers mir iwer munt vergiht.

«Nein, o nein, guter Herr! Was sprecht Ihr da!» sagte Parzival. «Wäre ich jetzt auch Herr über den Gral, der Gral könnte mir nicht die Dinge vergessen machen, von denen Ihr mir erzählt habt.» (W. St.)

Man hat eine ausgedehnte Theorie um die «drei Sünden»,

1. die Sünde des Verlassens der Mutter,
2. die Sünde des Totschlages an dem vaterseitigen Verwandten Ither,
3. die Sünde der Frageversäumung,

herum gesponnen.

Man verbindet sie mit theologischen Vorstellungen. Bedenkt man aber, daß Trevrizent kein Beichtvater und daß der Rat, den er erteilt, keine Buße, sondern die Darlegung eines esoterischen Pfades ist, dann erscheinen die «Sünden» als notwendige Stationen auf dem Wege zur Selbsterkenntnis des Schülers. Für ihr Vorhandensein ebensowohl wie für ihr Wesen eröffnet ja erst die Weisheit des Grales die Augen.

Mit der Sünde des Verlassens der Mutter ist – mehr als etwas nur Natürliches – das Vergessen einer ganz bestimmten Weisheit gemeint, für die ein Ersatz auf dem Gralswege mit Hilfe der Planeten Venus, Merkur und Mond wieder erlangt werden kann. Neu ist nur der Hinweis, daß solche Weisheit ursprünglich dem Kinde in den ersten drei Lebensjahrsiebenten angehört (vgl. Kap. 49).

Den nächsten Blutsfreund erschlagen ist unmöglich, «wenn zur Wahrheit das Wort gemacht wird: Wo Zwei in meinem Namen vereinigt sind, bin ich mitten unter ihnen, gleichgültig, wo in der Erdenentwicklung diese zwei sich finden» (Rudolf Steiner, wie oben), das Menschen erweckende und verbindende Sonnenwort.

Die Frageversäumung kann nur geistige Tatkraft gutmachen.

Über den Häuptern der in der Gralsburg Versammelten kulminieren, wie der Dichter sagt, Saturn, Jupiter, Mars. – Man sieht, wie die drei Fehler Parzivals solche sind, welche die Verbindung des dreigliedrigen Menschen und seiner Seelenkräfte Denken, Fühlen und Wollen mit dem planetarischen Kosmos und damit auch dem Grale hindern.

Es sind Wunden der Seele, Gegenstücke der Anfortaswunde, von dieser nur durch ihre naive Unschuld getrennt, aber als solche notwendige Durchgangsstufen. Denn es gilt hier das Wort: «Und es ist nicht uneigentlich gesprochen, sondern ganz eigentlich gesprochen, daß der Mensch, um die Freiheit sich zu erringen, durch die ‹Verwundung› des Anfortas gehen muß, den Anfortas in sich kennen lernen muß, damit er auch den Parzival kennen lernen kann.»[48]

43

Hier nun schenken sich die Partner ihr persönliches Vertrauen. Doch Trevrizent steht jetzt nicht nur als ein Enkel Titurels, als Bruder des Anfortas und der Herzeloyde, als Oheim vor seinem Neffen Parzival, sondern auch als ein hervorragendes Mitglied der Gralsgemeinschaft, aus der er sich zur Erfüllung seiner Aufgaben in die Einsamkeit begeben hat. Seine Stellung innerhalb des Geistesbundes überhöht das Treffen der beiden Verwandten in der Weise, daß die familiäre Ebene sich dem unterordnet.

Trevrizent bezeugt also nicht nur als Einzelner den Gral, sondern er vermag auch ein vollkräftiges Wir im Namen der Gemeinschaft zu sprechen. Er fungiert in dieser zweiten Art mit seiner weltweiten Mission als der Vertreter des Gruppengeistes der Brüderschaft, der in seiner Person die Gemeinde zusammenfaßt (vgl. Kap. 22). Man sehe, wie er selbst berichtet, daß sein Übertritt aus dem gemeinsamen Leben in die Einsiedelei von den Brüdern als der Abschied eines ihrer wichtigsten Mitglieder beklagt worden ist, das «Schirmer der Gralsgeheimnisse» war (*480, 19-24*), also wohl auch das Lehramt innehatte.

Immer spricht Trevrizent in der Mehrzahl «wir», wenn er von dem unheilvollen Fall des Anfortas berichtet, wie sich dieser allein aus der Gruppe entfernte und von einem Gralsfeinde mit dem vergifteten *Speer* in der Weiche verwundet wurde.

Die Ökumene leidet an seiner unheilbaren Wunde selbst immer wieder aufs neue und heftigste und es zittert ihr Schmerz in den Worten Trevrizents mit (*481,28; 482,10; 483,5*):

dô niwet sich unser herzeleid.
daz uns an freuden toetet.
daz tet uns mit dem künege wê.

Die geistigen Übungen, denen die Gruppe obliegt, bekommen von daher ihren besonderen Unterton.

«Ich» aber sagt Trevrizent, wenn er das Beispiel von sich selber erzählt, wie er sich entschloß, als Sühne für die Verfehlungen des Bruders das Opfer des Eremitentums auf sich zu nehmen. Das Mittragen-*Wollen* fremder Schuld kommt hier in Betracht und die Verantwortung des Einzelnen für die Gemeinschaft.

Über diesen Punkt hat Parzival gewiß noch nicht nachgedacht. Doch muß sich *seine* Initiative hierauf erstrecken.

44

Man könnte leicht versucht sein, aus der Vergeblichkeit aller sieben Heilungsversuche, welche die Gruppe unternimmt, auf ein Versagen der ganzen Gralsgemeinschaft zu schließen. Allein man bedenke, daß es sich bei den sieben als medizinische Praktiken vorgeführten Bildern um die Schilderung von Exerzitien handelt, die als solche selbstverständlich auch dann wirksam sind, wenn sie zunächst keinen äußeren Erfolg haben. Es sind Läuterungsübungen, die deshalb vorgenommen werden, damit die Nachwirkung über die Schwelle des Einschlafens getragen werden und der Seele das Reich erhellt werden kann, in dem sie im Schlafzustand die kosmischen Kräfte zum Wiederaufbau des Leibes einsammelt.

Nicht also morgendliche Aufwache-, sondern abendliche Einschlafe-Bilder sind es, die in frömmster Gesinnung herbeizuführen und zu erleben sind. Und daß sie übungsmäßig in der Gruppe vorgenommen werden, ist wesentlich. Denn im folgenden Schlaf tauchen die Seelen der Brüder noch inniger in den gemeinsamen Gruppengeist ein (vgl. Kap. 24) und sind da auch mit der Seele des Patienten vereint.

So kann auch keinem Zweifel unterliegen, daß die Brüder durch diese Heilübungen eine Verbindung mit dem Mysterium von Golgatha erlangen, die dem kranken Mitbruder zugute kommen soll. Es sind mächtige Liebesströme, die entbunden werden. Sie strömen selbstlos, da die Brüder dabei nichts für sich begehren. Sie sollen die schädlichen Speerwirkungen hemmen.

Warum aber teilt Trevrizent so genau diese gepflogenen Meditationen dem Parzival mit? Weil dieser an sie anknüpfen soll. Dazu führt die Bilderfolge ja selbst hin, indem sie mit dem letzten Bilde im Hinweis auf die rettende Frage eines Ankömmlings gipfelt, in dessen Gestalt sich Parzival selbst erkennen soll. Mit den sieben Heilübungen hat also die Gralsgemeinschaft der Tat Parzivals vorgearbeitet.

Sie werden ihm deshalb mitgeteilt, damit er sie im individuellen Nacherleben neu gestalte. Man könnte sich denken, daß er dazu die fünfzehn Tage braucht, die sein Aufenthalt bei Trevrizent währt. Da sprechen Zahlen! Wie exakt ist die Verdoppelung der Sieben! Denn Parzival hat es stets mit einem Zweifachen zu tun, mit dem Vorbild, das ihm die Gralshüter geben, und dem Nachbild, das er selber schafft; und dazu fügt er das Neue, sich selbst, die Individualität, die Eins: $(7 \times 2) + 1 = 15$.

Die sieben Heilwege, wie man sie auch nennen könnte, (*481,482,483,484*) lehren uns die Planeten und somit auch den *Gral* von einer neuen Seite her kennen. Sie stehen mit der siebengliedrigen Aufbaureihe (*469,470,471*) in einer geheimen Beziehung. Beide Bilderreihen zusammen nehmen in der Dichtung (die soeben in Klammern angeführten) sieben Dreißiger, mithin genau ein Zehntel vom Umfang des ganzen IX. Buches ein. (Als Dreißiger bezeichnet man einen Abschnitt von 30 Verszeilen.)

Während jene drei Dreißiger der Aufbaureihe die Planeten in absteigender Folge vom Saturn bis zum Mond anführen, wie dies dem durch die Planetensphären auf die Erde hernieder steigenden

Gral entspricht, bringen die nunmehrigen vier Dreißiger die Planeten in umgekehrter Folge angeordnet, aufsteigend vom Mond bis zum Saturn, in dem Sinne, wie sich der Mensch aus dem Abbau emporarbeiten muß. Die Planeten kommen also in den insgesamt sieben Dreißigern zwei Mal vor, auch wenn sie vom Dichter nicht ausdrücklich genannt werden.

Die erste Siebenerreihe handelt von der Gnadenfülle des Grals, die zweite von den Wegen, um dieser Gnaden teilhaftig zu werden. Die erste erscheint, in der Zusammenfassung der Kräfte des Kosmos, als das heilige «*Brot*»; die zweite handelt von Verwandlungsvorgängen, die im menschlichen Organismus vom *Blute* her ihren Ausgang nehmen; das verwandelte Blut ist im heiligen Symbol der Christenheit der «*Wein*».

Denkt man sich die Erlebnisse auf dem siebenfachen Heilwege etwa auf sieben aufeinander folgende Nächte verteilt, dann hat man das Jupiterbild aus der ersten Reihe: das Nicht-Sterben-Können nach dem Anblick des Grales in seiner praktischen Auswirkung durch die Gralswoche hindurch. Schon hieran erkennt man, daß es Meditationen sind, welche die Brüder nicht aufhören auf Anfortas zu richten, wodurch er zwar nicht geheilt, aber immerhin am Leben erhalten wird. Daß Anfortas selbst sich gegen die Lebenerhaltung wehrt, macht seinen Fall besonders schwierig (*XVI, 795, 12/13*):

So entzieht meinem Blick den Gral
Sieben Nacht nur und acht Tage.

– ein besonderer Hinweis auf Nächte und Tage! Warum gilt für die Tage die Zahl Acht? – Aus demselben Grund, warum *Parzival* nicht vierzehn Nächte, sondern fünfzehn Tage bei Trevrizent verbringt.

Wenn von ihm der Gral verkündet (*484, 1/2*):

Auch frag' er in der ersten Nacht;
Hernach zergeht der Frage Macht.

so soll er die siebente Heilübung, die saturnische zur Erlangung der Initiative, zu seiner ersten machen und sie alle von da aus neu, in umgekehrter Reihenfolge, durchnehmen. Damit löst er sie von dem Gruppengeist der Nächte los und stellt sie alle auf die Spitze seiner Individualität, bei vollem Tage.

45

Der Lohn, der winkt, indem man die auf den ersten Blick seltsamen Rätselbilder löst, ist groß. Es sind Läuterungsübungen, Heilungsübungen und Übungen zur Erlangung der Erkenntnisse höherer Welten.

Gehen wir von einer Übersicht aus, von Figur 9 als Gegenstück zu Figur 8 in Kapitel 41.

«Blut»-Spender Gral
heilend
(Liebe)

4 Dreißiger
481,482,483,484

481 (1-4) 5-17	1. Antidot gegen Schlangengift;	☽
481, 18-29	2. die vier Ströme aus dem Paradies;	☿
481,30-482,11	3. das Reis der Sibylle;	♀
482, 12-23	4. das *Blut* des Pelikans;	☉
482,24-483,5	5. *Blut* und Karfunkel (Herz und Hirn) des Einhorns;	♂
483, 6-18	6. der aus dem *Blut* des Drachen entspringende Sternenbaum;	♃
483,19-30 u. *484*	7. das Gebet vor dem Gral und die Erwartung Parzivals.	♄

Fig. 9

Der siebenfältige Heilsweg des Grales im IX. Buch «Parzival»

Man sieht im Vergleich mit der Tabelle in Kapitel 20 eine Zuordnung der Planeten im Gegensinne, beginnend mit dem Mond und aufsteigend bis zum Saturn. Nur die beiden Sonnenbilder fallen überein, die «Oblate» dort, der «Pelikan» hier, *Brot* und *Blut*. Der Taube in jener Reihe entspricht das Einhorn in dieser. Wir werden die bedeutsamen Kongruenzen noch kennen lernen.

Für den Charakter als *Läuterungsweg* kommen die seelischgeistigen Nuancen der Bildinhalte in Betracht. Da ist es zum Beispiel wesentlich, zu beachten, daß *nur* die erste der sieben Heilübungen mit dem gewöhnlichen Verstand der physischen Welt arbeitet, während alle weiteren zu höheren Erlebensformen aufsteigen. Etwa so: «Liest man» im ersten Bilde noch «in den Büchern der weisen Ärzte» und bedient sich ihres «Wissens», so begibt man sich schon mit dem zweiten Bild auf eine Reise in fabelhafte Gebiete einer anderen Wirklichkeit. Und so mit den folgenden. Vom fünften, dem Einhorn-Bilde ab wird bemerklich, wie das bis dahin Gewonnene mit einer neuen Seelenkraft, an welcher Herz und Hirn teilhaben, durchdrungen wird: mit einem *Herzensdenken*, das emporströmt und sich den kosmischen Einflüssen öffnet. Man sieht eine fortschreitende Verinnerlichung.

Für den *Heilungsweg* gibt es andere Merkmale. Die alte Medizin beruhte auf denselben Mysterien. Gewiß können im Fall Anfortas auch physische Mittel (*fisiken* im ersten Bild) angewandt worden sein, die aber doch nur durch die Imaginationen usw. unterstützt im Ätherleibe wirksam werden können. Gewiß ist auch Trevrizent ein Meister in diesen Verfahrensweisen, für die sich in seiner Weisheit eine schon erwähnte alchimistische Seite findet. Hier verfolge man etwa, wie durch die sieben Stufen aufwärts steigend nacheinander Erde, Wasser, Luft, Wärme – diese im Mittelpunktsbilde vom Pelikan – Licht und so fort zu Heilkräften berufen werden.

Der Menschheits-Patient Anfortas krankt auf allen seinen sieben Lebensstufen. In der Gegend des Fortpflanzungslebens (planetarisch der Mond) sitzt die eiternde Speerwunde. Das Bewegungsleben (Merkur) versagt ihm vollkommen (*491, 1-3*):

Er kann nicht reiten, kann nicht gehn,
Der König, liegen nicht noch stehn,
Nicht sitzen: er muß lehnen.

Stoffwechsel- und Zirkulationsleben entbehren des Segens vom Sonnenbrot. Rasend steigern sich ihm die Schmerzen, wenn Mars, Jupiter oder Saturn kulminieren (*489, 22-30*; *XVI 789, 4-17*). Eine Art Wehleidigkeit gepaart mit Zynismus verrät bei ihm eine Störung höherer seelischer Funktionen wie Mut, Lebenswille und Initiative. Wir wissen, wie diese besonders auch mit den Saturnkräften zusammenhängen; und so trägt auch eine Bemerkung Rudolf Steiners vom 5. Mai 1921[49] zur Diagnose seines Krankheitsbildes bei: «Wenn der Mensch ... nicht richtig schlafen kann, ... so ist das eine unregelmäßige Wirkung der Saturnkräfte.»

Dieser den himmlischen Segnungen entglittene Leib soll von seinen Wärtern über die «geistige Leiter» der sieben Lebensstufen hinauf getragen werden, um unter die Einwirkung der kosmischen Kräfte zu kommen.

Ein *Erkenntnisweg* ist dieses deshalb, weil bei allem die eigentlichen Krankheitsursachen – Entwicklungs-Notwendigkeiten für das *Ich* – erst erforscht werden müssen. Und weil Christus, dem *Heiland*, der *einmal* in einem Menschenleibe das Mysterium von Golgatha vollbracht hat, auf diesem Weg begegnet wird. Es steht dieses Mysterium von Golgatha in dem Bilde des das Blut aus der Brust für seine Jungen hinopfernden Pelikan in der Mitte des gesamten Erlebnisweges. Das heilige Blut ergießt sich von hier aus, wenn auch unausgesprochen, in alle sonstigen Heilbilder und macht sie zu Stationen auf der Wahrheitspilgerschaft.

46

1. *Das Antidot gegen Schlangengift* ☾ *(481, 5-18)*. Der siebenstufige Heilsweg hat dort einzusetzen, wo der Mensch am unmittelbarsten für sein Bewußtsein der luziferischen Verführung (Schlange) erlegen ist, beim Intellekt («intellektueller Sündenfall»). Die in Büchern niedergelegte Verstandeswissenschaft ist Erbgut einer hohen, aber luziferischen Weisheit. Deshalb studieren die Gralsbrüder auf dieser Stufe die Wissenschaft. Verwendet der Mensch diesen Verstand, um Geistiges im Physischen zu erkennen, liest er etwa das Evangelium, so vollzieht er den ersten Schritt, um die Verstandeskräfte für die christliche Entwicklung frei zu bekommen.

Es muß nicht nur die «Schlange» erhöht, in den Dienst der Aufrichte-, der *Ich*-Kraft gestellt werden (Aufgabe der Wissenschaft), die Schlange muß auch den aller Hoffart widerstreitenden Demutskräften *(473,4)* des «Lammes» (vgl. Kap. 33) Platz machen (Unterordnung der Wissenschaft unter die Religion). Joh. 3, 14/15: «Und wie Moses in der Wüste eine Schlange erhöhet hat, also muß des Menschen Sohn erhöhet werden, auf daß alle, die an ihn glauben, nicht verloren werden, sondern das ewige Leben haben.» Das wahre Gegenmittel gegen das Schlangengift ist der weise Glaube, Pistis Sophia, und die Demut.

Traditionsfrei, ursprünglich als Wesen vom eigenen Wesen, steigt in der christlich erschütterten Seele das Bild von der *Kreuzigung* des Menschensohnes empor.

2. Wer fremde Schuld wie eigene auf sich zu nehmen bereit ist, wird gewürdigt eines Vorgeschmackes aus menschheitumschlingenden Unschuldbächen: *Die vier Ströme aus dem Paradies* ☿ (*481, 19,28*) – und das bildhaft gewordene Denken begibt sich eben mit der ihm eigenen, dem Merkur entsprechenden raschen Beweglichkeit auf die Reise nach den Ursprüngen – kehren wieder an dem zum neuen Lebensbaum gewordenen Kreuz, das den Christusimpuls der Erde gebiert.

Nicht als physisch-sinnliche Vorstellung, sondern für die Imagination erneuert – «Dann wird es als Neues erlebt, aus der Geistesquelle erneut, dann erst kann man es brauchen» (Kap. 35) – erstehen mit der Kreuzigung die ersten vier Wunden (Blutbäche) vor der inneren Anschauung.

P IX

481 Tod durft' er nicht erwerben.
☾ Da ich mich hatt' ergeben
In dieses arme Leben,
Und des Grales Herrschaft
Ruht' auf seiner schwachen Kraft.
Von Gift war seine Wunde naß.
Was man Arzneibücher las,
Die gaben keiner Hilfe Lohn.
Wider Aspis, Ecidemon,
Ehkontius und Lisis,
Jecis und Meatris,
Der argen Schlangen heißes Gift,
Was man dafür verordnend trifft,
Und andre gift'ge Würme,
Was ein Arzt dafür zum Schirme

An Kräutern weiß und Würzen
(Laß den Bericht dir kürzen),
Nichts sollte helfen können:
Gott wollt' es nicht vergönnen.

☿ Da schickten wir zum Geon
Boten, und zum Fison,
Zum Euphrates und Tigris,
Den vier Flüssen aus dem Paradies,
So nah' ihm, daß sein Ruch so fein
Noch nicht verflogen könnte sein:
Ob ein Kraut geschwommen käme,
Das uns aus der Trauer nähme.
Das war verlorne Arbeit:
Erneut war unser Herzeleid.

♀ Wir versuchten's noch in mancher Weise.
Da griffen wir zu jenem Reise,
482 Das Sibylle dem Äneas bot
Wider alle Höllennot,
Wider des Phlegetons Dunst und Rauch,
Und andrer Höllenflüsse auch:
Mit Mühn und Sorgen mancherlei
Schafften wir das Reis herbei,
Ob der grausame Speer
Vielleicht im Höllenfeuer wär'
Vergiftet und gelötet,
Der uns viel Freud' ertötet.

So war es nicht mit ihm bewandt.
☉ Ein Vogel, Pelikan genannt,
Wenn er junge Brut gewinnt,
Allzusehr die Kleinen minnt:
Wie ihn seiner Treu' Gelust
Zwingt, durchbeißt er sich die Brust,
Läßt das Blut den Jungen in den Mund;
Er aber stirbt zur selben Stund'.
Da nahmen wir des Vogels Blut,
Ob seine Treu' uns käm' zugut',

Und strichen's auf die Wunden
So gut, als wir's verstunden:
Das half uns keine taube Nuß.

Eine solche Meditation, wie sie hier aus Dichterstellen heraus rekonstruiert wird, umfaßt eine weite Strecke irdischer Menschheitsentwicklung in *einem* schöpferischen Akt. Sie fordert vom Übenden Weltinteresse. Wenn eine solche Übung gelingt, dann wird ein weit auseinander liegender Zusammenhang in der Kulturgeschichte verifiziert. Die Meditation ist Vollzug und Lösung einer geschichtlich anfallenden Aufgabe im erkrafteten Selbst.

So reichen die beiden ersten Heilübungen von Sündenfall und Verlust des Paradieses an bis zum Aktuellwerden der Erlösung in der christlich arbeitenden Seele.

3. Die *dritte* Heilübung knüpft in einer den vorangehenden ähnlichen Weise an die Christusprophezeiung der Sibylle (vgl. Kap. 39) an und involviert sohin ein Stück Mysteriengeschichte. An den Abstieg des Äneas in die Unterwelt mit Hilfe der cumäischen Sibylle knüpfen sich in Vergils «Äneis» eine Fülle beziehungsreicher Bilder. Zu den erstaunlichsten Vorkommnissen in der Geschichte gehört es, daß ein so hohes Wissen, das in der Menschheit vorhanden war, vergessen wurde.[50] Das wahre Wesen des Christusereignisses ist davon nicht ausgenommen. Die Übungen sind in gewissem Sinn Auferweckung der Erinnerung daran.

Vergil, dessen Überlieferung im Mittelalter der französische *Roman d'Enéas* und die *Eneit* des Heinrich von Veldeke fortpflanzen, läßt im Mittelpunkte seines Meisterwerkes den Äneas eingeweiht in die Unterwelt hinabsteigen und von da aus in die Gefilde der Seligen gelangen, ein Unternehmen, zu dem ihn eine Botschaft seines toten Vaters Anchises, der ihm im Traumbild erschien, inspiriert. Um ihn selbst bei den Seligen aufzusuchen, holt er sich für die Fahrt Rat bei der greisen Sibylle von Cumä, der Prophetin des Sonnengottes Apollon. Sie heißt ihn zuerst seinen toten Freund Misenus bestatten und überdies einen «goldlaubigen Schößling» von einer im dichtesten Walde zu suchenden Steineiche, einem immergrünen Baum, brechen. Es ist dieses *Reis* der Sibylle zum Weihgeschenk für Persephone bestimmt, die man im

Mittelalter die Göttin Natura nannte. In die Hölle kommt man leicht, doch schwer wieder heraus. Nur wenn man den goldenen Zweig an die Pforte von Plutos Palast heftet, darf man ungehindert zu den Seligen aufsteigen. Als nun Äneas zur Bestattung die Bäume fällt, lassen ihn *Tauben*, die Vögel der göttlichen Mutter *Venus*, den Baum mit dem Zweige finden, womit er nun in Begleitung der Cymaea Sibylla in den Tartarus hinabsteigt und sich alles wie verheißen erfüllt. (Vergil, Äneis V 733-737; VI 136-55, 186-210, 628-638.)

Es ist der Gang in die Unterwelt der Einweihungsweg nach innen, in die Welt der stofflichen Organe, der stets als gefahrvoll bekannt war. Durchdringt man aber diese Welt mit dem erweckten «Venusbewußtsein», von dem Rudolf Steiner in den Vorträgen «Das Initiatenbewußtsein»[51] spricht, so erkennt man in ihr die Wirkensstätte der Seelen der Toten. Diese weilen allerdings jenseits der Todesschwelle, mit der Vorbereitung zu einem neuen Leben beschäftigt, wie Vergil erkennt. Aber auch im täglichen Schlafe erlangt die übende Seele dank Persephone-Natura vorläufige Einblicke in dieses Gebiet.

Dies vorausgeschickt nähern wir uns jetzt mit der dritten Heilübung noch inniger als zuvor dem *Grale*. Die Brüder des Grales pflücken das *Reis der Sibylle* ♀ (*481,30-482,11*) als Sympathiemittel gegen die Verwundung mit dem *Speer*. Reis und Speer sind der neue – kultur- und geistesgeschichtliche – Zusammenhang.

Auch als in der Gralsburg vor den Augen des Ankömmlings Parzival der Gral aufgetragen wird, wird dessen Wesen mit Wurzel und Reis umschrieben (*V 235, 20/24*):

ûf einem grüenen achmardî
truoc si den wunsch von pardîs
bêde wurzeln unde rîs.
daz was ein dinc, daz hiez der Grâl
erden wunsches überwal.

«Auf grüner Achmardiseide trug sie des Paradieses Vollkommenheit. Wurzel war es zugleich und Reis. Das war ein Ding, das hieß der Gral, alles Erdensegens Überschwang.» (W. St.)

Jetzt lernen wir in der Sprache der Bilder den Gral als eine Sache des geisterfüllten irdischen Bewußtseins erkennen, das ebensowohl in die Welt der Seligen (vermittels des Reises), als auch in den

Zerstörungsherd des Bösen (vermittels der Wurzeln seiner geschichtlichen Herkunft) hinauf und hinunter reicht.

Der Speer stößt in die vom egoistischen Blut (Kap. 19 und 32) getränkte Welt der «stofflichen Organe», welche zugleich die Segnungen des Mahles (*als den wunsch von pardîse*, 470,14) empfangen.

Trevrizent legt großen Wert auf ein noch tieferes Speergeheimnis. Er berichtet nicht nur von der Verwundung des Anfortas durch einen vergifteten Speer, sondern auch darüber, daß bei heftigen Schmerzanfällen, verursacht im Umschwung der Zeiten, die verletzende Speerspitze in die Wunde gelegt wird, was Linderung bringt. In der Hand des Grales liebend und verstehend geführt wird der Speer zur heiligen Liebeslanze. Das *neue* Reis der Sibylle, entsprechend den veränderten Zeiten und Menschen, ist also die *Liebeslanze*.

Der Speer war nicht «im Höllenfeuer vergiftet und gelötet» (*IX 482, 8/9*), das heißt, es kann im höheren Sinn zu Heil und Fortschritt des Menschen dienen, daß er durch die Speerverwundung geht. Das Böse selbst kann in Gutes verwandelt werden. Bei dieser Meditation ersteht vor dem inneren Auge die Erinnerung an Joh. 19,34: «Einer der Kriegsknechte öffnete seine Seite mit einem Speer, und alsbald ging Blut und Wasser heraus.»[52]

Aber vielleicht baut Vergil selbst eine Brücke zur Vorstellung der friedbringenden Lanze, wenn er den Äneas sogleich beim Betreten des Elysiums das Bild erleben läßt (VI, 651-654):

> «Lanzen stehn in die Erde gebohrt ...
> Wie groß die Liebe der Wagen
> Lebenden war und der Waffen ...
> so folgt sie den Ruhenden unter die Erd' auch.»
> (Übersetzung von Johann Heinrich Voss.)

4. *Der Pelikan* ⊙ (*482, 12-18*). Für dieses, das Mittelpunktsbild kommt ein *einmaliges* Ereignis in Betracht, das weder vorher noch nachher in der Geschichte ein gleiches oder ähnliches hat. Es ist reine Christologie. Die Versenkung in dasselbe kann alles Übrige einschließen. Von hier ab, dem Verströmen und Auffangen des heiligen Blutes, sind die Bilder die Entfaltung des Christusimpulses selbst in der folgenden Seelen- und Geistesgeschichte.

47

Man sieht, ohne daß dies vom Dichter ausgesprochen zu werden brauchte, die *Passion* aus den sieben Heilübungen hervortreten.

☾	1. Die Schlange,	Der Menschensohn,
☿	2. die vier Ströme aus dem Paradies,	die ersten vier Wunden der Kreuzigung,
♀	3. das Reis der Sibylle	die Lanze des Longinus,
☉	4. der Pelikan,	Verströmen und Auffangen des heiligen Blutes,
♂	5. das Einhorn auf dem Schoß der Jungfrau,	Pietà
♃	6. der Sternenbaum,	Grablegung,
♄	7. die Verheißung der Frage Parzivals.	die Lehren des Auferstandenen.

Fig. 10

Mit dem vierten Bild in der Mitte kann man die ganze Bilderreihe als ein inneres Nachformen der heiligen Abendmahlschale erkennen, in die, so sagt die Gral-Legende, auf Golgatha das Blut des Erlösers hinein aufgefangen wurde. *Lanze* und *Blut* (3. und 4.) sind zwei Dinge, die ebenso zusammen gehören wie Taube und Oblate, wovon sie die Umkehrung sind. Und wie dort, so handelt es sich auch hier um ein Geheimnis des *Wortes*. Das «im Munde der Jungen» – der Jünger geläuterte Wort bannt das Böse. Als Wolfram von Eschenbach beim Sängerkrieg auf der Wartburg 1206 von Klingsor aus dem Ungarland mit geistigen Mitteln angegriffen wurde, sang er «von dem heiligen Abendmahl, von der Transsubstantiation, von der Gegenwart Christi im Abendmahl» (Rudolf Steiner, 18. September 1924).[53] Mit dem Gralswort im Munde bannte er das Böse. Um so mehr sind die Dämonen, die damals geschlagen wurden, heute wieder in der Welt tätig.

P IX
482 ♂ Ein Tier heißt Monicirus:
Da dünkt der Jungfrau Reinheit groß:

Es schlummert ein in ihrem Schoß.
Wir verschafften uns des Tieres Herz
Wider des Königs Schmerz:
Wir nahmen den Karfunkelstein
Aus des Tieres Hirnbein,
483 der da wächst unter seinem Horn.
Wir bestrichen ihm die Wunde vorn,
Tauchten drein den Stein sogar;
Doch blieb sie giftig, wie sie war.
Das tat uns mit dem König weh.

♃ Wir nahmen ein Kraut, heißt Trachonte
(Von dem Kraute hört man sagen,
Wo ein Drache werd' erschlagen,
Aus dem Blute wachs' es auf.
Das Kraut hat zu der Sterne Lauf
Unerforschlichen Bezug),
Ob uns vielleicht des Drachen Flug
Noch im Kraute möchte frommen
Bei der Sterne Wiederkommen
Und des Mondes Wandeltag,
Der der Wunde Schmerz zu mehren pflag:
Des Krautes edle Eigenschaft
Erwies mitnichten ihre Kraft.

♄ Wir knieten betend vor dem Gral.
Da stand daran mit einem Mal
Geschrieben, daß ein Ritter käme:
Wenn dessen Frage man vernähme,
So wär' das Übel abgetan;
Hätt' aber Kind, Magd oder Mann
Ihn gewarnt, der Frage zu gedenken,
So möge sie nicht Hilfe schenken:
Der Schade währe fort wie eh',
Und brächte nur noch schärfres Weh.
Die Schrift sprach: «Habt ihr das vernommen?
Aus Warnung kann nur Schade kommen.
484 Auch frag' er in der ersten Nacht;
Hernach zergeht der Frage Macht.

Hört man zur rechten Zeit ihn fragen,
Soll er des Grales Krone tragen
Und sich der Kummer enden:
Die Hilfe will Gott senden.
Das mag Anfortas Heil verleihn;
Doch soll er nicht mehr König sein.»

5. *Das Einhorn* ♂ *(482,24-483,5)*.
Da handelt es sich, nach dem Mysterium von Golgatha, um die Rückströmung von Kräften im Menschen von unten nach oben, vom Herzen nach dem Gehirn: nunmehr verwandelte Ätherkräfte von jenen, die einst im Bilde der Taube, welche die Oblate bringt, in das Herz einströmten. Ein reines Herzensdenken beginnt von innen her Erkenntnislicht zu festigen.

Das Einhorn schlummert auf dem Schoß der Jungfrau. Der ursprüngliche Schlafcharakter der Heilübungen klingt in diesem Motiv mit.

Wie mit diesem Bild eine Brücke vom Mysterium von Golgatha in das Geistesleben der nachchristlichen Zeit hinüber gebaut wird, erkennt man an seinem Urbild, der *Pietà*. Es ist der tote Christus auf dem Schoß der Jungfrau-Mutter. Ströme reinen Herzensdenkens sind von dem einst in Mitteleuropa weit verbreiteten Vesperbild in die Menschheit ausgeflossen.

6. *Der Sternenbaum* ♃ (*483, 6-18*; oder Drachenbaum, nach dem den Himmelspol umwindenden Sternbild des Drachen) harmonisiert die Seele dessen, der das egoistische Fühlen getilgt hat und die Ruhe der Seele mit dem Leben verbindet, das die Erde mit ihrer kosmischen Weltumgebung austauscht. Seine luftige Krone erhebt sich, aus dem Blute des Drachen ersprossen, in die Sphären, wo die Gestirne kreisen. Dem entspricht in der Passion die *Grablegung*.

7. Die Christuskraft wird in allen sieben Heilübungen stufenweise angerufen. Aber erst in der letzten, siebenten ist sie voll gegenwärtig. Es entspricht die den Brüdern zuletzt erscheinende Gralsbotschaft von der künftigen Fragetat *Parzivals* ♄ (*483,19-30; 484*) durchaus ihrem inneren Sinn nach den Lehren des *Auferstandenen*. Von der höchsten Gotteshand selbst wird die Wiederherstellung des Anfortas bewirkt werden, wenn Parzival sich selbst gefunden haben wird (*XVI 796, 2-4*):

unt der Lazarum bat ûf stên,

der selbe half daz Anfortas
wart gesunt und wol genas.
(Der den Lazarus auferstehen hieß, der half selber,
daß Anfortas völlig wiederhergestellt ward.)

48

Dieser Abschnitt, der Parzival von der Seite dessen her beleuchten sollte, was an ihn herangebracht wurde, wäre nicht vollständig, ohne daß auf die Metamorphose hingewiesen würde, welche die soeben besprochenen Formen des Erlangens der Erkenntnisse höherer Welten für die Gegenwart erfahren haben.

Da muß auf das Kapitel «Die Erkenntnis der höheren Welten (Von der Einweihung oder Initiation)» in Rudolf Steiners Buch «Die Geheimwissenschaft im Umriß»[54] (1909) hingewiesen werden, in der die Bemerkung steht: «Zu der ‹Wissenschaft vom Gral› führt der Weg in die übersinnlichen Welten, welcher in diesem Buche in seinen ersten Stufen beschrieben worden ist.» Es sei daraus nur folgender Absatz zitiert: «Die einzelnen Stufen der höheren Erkenntnis im Sinne jenes Einweihungsvorganges, der hier beschrieben worden ist, können nun in der folgenden Art bezeichnet werden:

1. Das Studium der Geisteswissenschaft, wobei man sich zunächst der Urteilskraft bedient, welche man in der physisch-sinnlichen Welt gewonnen hat.
2. Die Erwerbung der imaginativen Erkenntnis.
3. Das Lesen der verborgenen Schrift (entsprechend der Inspiration).
4. Das Sich-Einleben in die geistige Umgebung (entsprechend der Intuition).
5. Die Erkenntnis der Verhältnisse von Mikrokosmos und Makrokosmos.
6. Das Einswerden mit dem Makrokosmos.
7. Das Gesamt-Erleben der vorherigen Erfahrungen als eine Grund-Seelenstimmung.»[54]

Indem Rudolf Steiner in diesem Zusammenhang zeigt, wie im Mittelpunkt des gekennzeichneten Weges die Christusgestalt erstrahlt, wird das keimhafte Urbild dieses Weges, das wir hier kennen lernten, in der Gegenwart zur vollen Blüte gebracht.

Anhang

Beeindruckt von der Gralswissenschaft Wolframs von Eschenbach, die hier zum ersten Mal in den Kapiteln 40 bis 48 dargestellt wurde, gerät man unversehens in ein eigenes Entwerfen und Versuchen. In diesem Sinne sollen die zwei Anhangskapitel 49 bis 51 aufgefaßt werden: frei konzipiert.

49

Man könnte sagen, daß in dem Karfreitags-Gespräch, das ihrer beider geistige Kommunion ist, Trevrizent mehr dem Brote, Parzival dem Weine huldigt – Brot und Wein als Sternenworte verstanden.

Der letzte, breit ausladende Teil des Gespräches folgt, nach der Mittagspause, auf Parzivals Bekenntnis seines Versagens (14 Dreißiger). Indem der Gedankenaustausch jetzt, bei jedem der beiden, seinen Anker in ihrer persönlichen Erinnerungskraft fand, wird das Gedicht *episch-dramatisch*.

Dabei ist Trevrizent für sich der Rückwärts-Schauende, Parzival der Vorwärts-Sinnende.

Trevrizent schöpft aus seinen Lebenserinnerungen. In seine Lebens-Rückschau herein, so kann man es jetzt erleben, ist überhaupt alles gefaßt, was er vom Gral zu erzählen hatte. Man sehe sich einmal die schon bekannten sieben Bilder vom «Brote» daraufhin an. Sie sind identisch mit Trevrizents Erfahrungen aus den sieben Lebensabschnitten, aus denen sich das menschliche Leben zusammensetzt:

1.– 7.	Lebensjahr:	Mond
7.–14.	Lebensjahr:	Merkur
14.–21.	Lebensjahr:	Venus
21.–42.	Lebensjahr:	Sonne
42.–49.	Lebensjahr:	Mars
49.–56.	Lebensjahr:	Jupiter
56.–63.	Lebensjahr:	Saturn.

Trevrizent ist also über 63 Jahre alt. Er beginnt da, wo er vom Phönix spricht, mit der Rückschau und berichtet über seine Gralserfahrung im Saturnalter, um sodann rückwärts wandernd durch das ganze Leben zuletzt beim Engel der Kindheit (Mond) anzugelangen. Versucht man einmal dieses in seiner Schönheit nachzuempfinden, dann weiß man plötzlich auch, wohin die tiefe Szene gehört, die *Trevrizent nunmehr* seinen Lebenserinnerungen als ihr Kernstück einfügt.

Wir meinen seine, alsbald zu besprechende, geheimnisvolle Begegnung in der Lebensmitte mit dem Vater *Gahmuret.* Sie gehört in das Sonnenstück der Trevrizent-Biographie.

Parzival aber holt, unter der Führung seines Ratgebers, Stück um Stück seiner Erlebnisse auf der Gralsburg aus der Erinnerung, worin sie halb vergessen ruhten, hervor und erhält sie so erklärt, wie sie seiner keimenden Selbsterkenntnis vorwärts helfen können. Man könnte sagen, bei jedem Tritt, den Trevrizent (immer mit pädagogischer Absicht) in die Vergangenheit tastet, regt sich in der Seele Parzivals ein Schritt nach der Zukunft.

Und so möchten wir uns in einem Schema, welches zugleich den Gang der Erzählung im IX. Buch «Parzival» darstellt (siehe Figur 10), zu veranschaulichen trachten, wie die beiden Siebenerreihen (Dreieck mit der Spitze nach abwärts: Brot, und Dreieck mit der Spitze nach aufwärts: Wein) sich wechselseitig so durchdringen, daß die geistige Kommunion (in der sternförmigen Figur) zustande kommt.

Kosmos und Mensch müssen im *Ich* kommunizieren. Die aktive Kraft zur Vereinigung geht davon aus, daß Parzival (angesichts des Anfortas) auf die Spitze seiner freien Individualität gestellt ist (Spitze der beiden Dreiecke).

Der *Eingeweihte* Trevrizent aber sorgt dafür, daß in den geistigen *Innenraum*, zu dem sich die Spitze jetzt (sternförmig) ausweitet, ein lebendiger Toter eintreten kann, eben Gahmuret.

Fig. 11

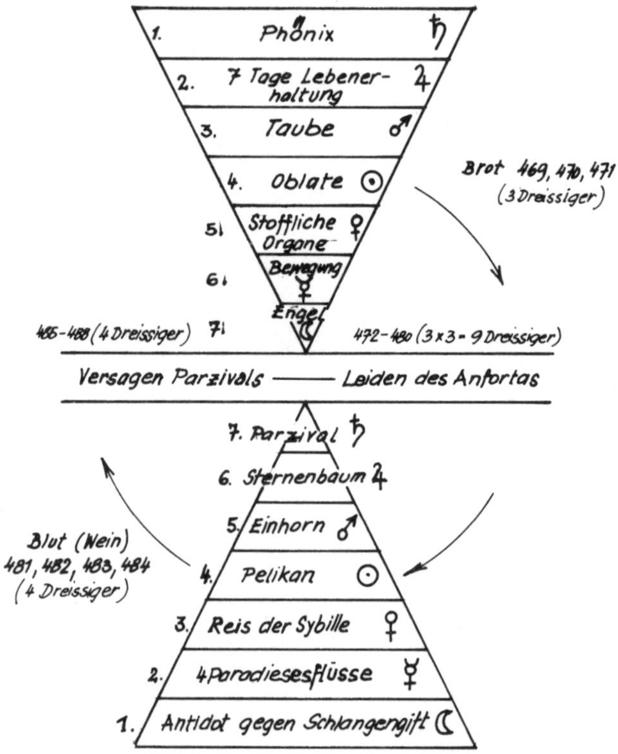

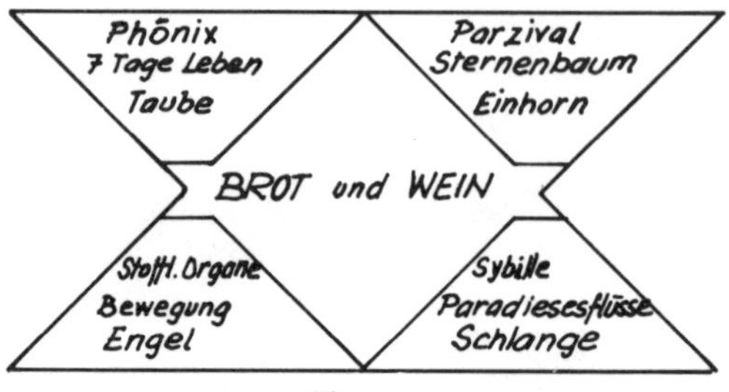

Fig. 12
(Beide Figuren zusammen geben auch den Gang der Handlung im IX. Buch «Parzival» nach den angegebenen Dreißigern wieder.)

Hier finden wir abermals ein Kompositions-Geheimnis im IX. Buch «Parzival». Wie schon erwähnt wurde, daß in diesem sieben lebende Personen vorkommen, zu denen Parzival als der Achte tritt, so entdecken wir, daß sieben Tote genannt werden und dazu als achter ein lebendiger Toter, Gahmuret. (Über die Bedeutung eines «lebendigen Toten» siehe Kapitel 23.)

Die Liste der Toten ist der Reihe nach folgende:
Schionatulander, Sigunes Bräutigam;
Lybbeals, ein im Kampf gefallener Gralshüter;
Frimurtel, Parzivals Großvater mütterlicherseits;
Herzeloyde, Mutter Parzivals;
Schoysiane, Mutter Sigunes;
Ungenannter Heide, im Kampf mit Anfortas gefallen;
Ither, Parzivals Verwandter väterlicherseits.

Acht Lebende und acht Tote – zusammen *sechzehn* Menschenseelen formieren im IX. Buch «Parzival» eine unsichtbare Gemeinschaft. Sie bilden ein übersinnliches Tempelchen innerhalb des Tempels, ein Kirchlein in der «übersinnlichen Kirche» des Grals.

Nun wird auch das Geheimnis des *grünen* Reliquienschreines in Trevrizents Besitz enthüllt.

Durchaus in ein Geheimnis gehüllt ist die Lebensbegegnung Trevrizents mit Gahmuret. In Spanien sahen sie sich, unmittelbar vor Gahmurets zweitem Ostzug, von dem er nie wiederkehrte. In dem heimlich und unbekannt reisenden Gralsritter vermutete damals Gahmuret sofort auf den ersten Blick, vermöge seiner großen Ähnlichkeit mit Herzeloyde, einen Bruder seiner Gattin. Er suchte ihn in seiner Herberge auf und drang stürmisch in ihn, sein Geheimnis zu lüften. Nach langem Widerstreben eröffnete sich ihm Trevrizent (*498, 7-12*):

Sein Kleinod verehrt' er mir;
Was ich gab, nahm er mit Begier.
Du sahest meine Kapsel hie:
Grüner als der Klee ist sie.
Ich ließ sie aus dem Steine
Bilden, den mir gab der Reine.

Menschen, die sich gegenseitig erkennen und in tiefer Ergriffenheit – beschenken. Den grünen Stein, den wir in des Einsiedlers Kapsel (*kefse*) verarbeitet sehen, gab Gahmuret – was gab wohl Trevrizent? Denken wir an die Bedeutung von *gir* (Begierde) als Sehnsucht, Hoffnung. Er gab etwas, und was immer er gab, wonach des andern Sehnsucht verlangte, nahm Gahmuret begierig in Empfang. Spirituellen Rat gab er ihm. Was hätte Trevrizent auch anderes geben sollen?

Gahmurets dringendes dem Geheimnisse Nachspüren verrät ihn als einen Gralssucher. Es ist gewiß von der allerhöchsten Bedeutung für ihn, daß Gahmuret eben noch vor seinem irdischen Ende ein Wissen vom Gral erlangte. – Rudolf Steiner schilderte, wie in der Zukunft eine Menschenbegegnung eine Art Sakrament sein wird. Dieses ist aber das höchste Gralsgeheimnis, das hier in Betracht kommt.

Innerhalb der Menschenbegegnung Parzival – Trevrizent schildert der letztere eine Menschenbegegnung: *seine* mit Gahmuret. Und dieser, dessen letztes Erdenleben in der Vergangenheit liegt, wird in die Gemeinschaft der Lebenden mit einbezogen. Diese empfängt dadurch ihre höchste Weihe.

Der Brot-Spender Trevrizent *bewirtet* Parzival am Karfreitag-Mittag. Das nur kärgliche Mahl ist symbolisch für das Liebesmahl des Grales.

Parzival setzt sich nicht zu Tisch, ohne durch die Schule der Entbehrung gegangen zu sein. Und er kommt mit der Kraft der Toten. Trevrizent bewirtet mit Parzival auch sie, sie alle.

Damit wird das der Ernährung (♀ in der Siebenerreihe vom Brote) entsprechende *dritte* Bild des Heilweges, der Gang in das Reich der Toten, zum Stellvertreter der Läuterung nach dem Tod. Namentlich die Tier-Imaginationen der zweiten Siebenerreihe (Schlange, Pelikan, Einhorn, Drache) zeigen sich jetzt als Abbilder von Vorgängen, welche die Abgeschiedenen in den Planetensphären durchmachen. Damit nehmen die sieben Übungen einen über das Erdenleben hinausweisenden Charakter an. Um das Tierische in uns zum Menschen empor zu bilden, sind mehr als nur die Kräfte nötig, über die wir in einem Leben verfügen.

Die hier nur zu streifenden Metamorphosen der organischen Gebilde gehören im Urstand nicht mehr der Welt des Schlafens (Persephone – Natura) an, vielmehr der Welt zwischen dem Tode und einer neuen Geburt, dem Reich der *Venus Urania*. Da ist real die Umbildung des dem Menschen ätherisch innewohnenden Kentauren zur Menschengestalt des nächsten Erdenlebens (Rudolf Steiner, 11. Dezember 1917).[55] In diese höchsten Transsubstantiationen münden die Gralsbilder schließlich ein.

Parzival soll über seinen Lehrer hinauswachsen. Das ist der Sinn ihres welthistorischen Treffens. Und ihr Gespräch ist das eines Übergangszeitalters. Durch alle künftigen Erdenzeiten soll Parzival wandeln, immer neuer Bote des Grales. Trevrizent, Erzähler seines Lebens, bleibt an der Schwelle des Zeitalters stehen, als Wächter und Warner. Das ist von ihm ein Opfer. Er gibt das Beispiel von selbstloser Hingabe.

Titurel

(Albrecht von Scharfenberg)

51

Berthold von Regensburg, Franziskanermönch von Regensburg (vor 1210–1272), der größte Volksprediger des Mittelalters, paraphrasiert in einer seiner berühmten Predigten, die er oft vor Tausenden auf freiem Felde hielt, während er durch die Schweiz, Österreich, Ungarn, Mähren, Böhmen, Sachsen und Schwaben wanderte, die Strophe *6182 H/6252 W* des «Jüngeren Titurel», welche lautet:

Ich suoche den gehiuren schäffer aller dinge,
äller crêatiuren, und vind in an in allen sunderlinge:
ich vind in an dem süezen vogel sange
an äller bluomen varwe, an würze smac und an der seiten clange.

In neuhochdeutscher Übertragung:

Ich suche ihn, den treuen
Erschaffer aller Dinge,
die uns Erschaff'ne freuen.
Ich finde ihn, den Großen, im Geringen,
Ich finde ihn im zarten Vogelsange
und in der Blütenfarbe,
im Kräuterduft und auch im Saitenklange.

Es ist dies ein Teil der Abschiedsrede des greisen Titurel vor seinem Hingang und zugleich, mit der Huldigung des Saitenklanges, eine Verklärung der Gralspoesie.

Das Zeugnis aus dem redegewandten Munde des Jüngers des heiligen Franziskus liefert uns den Anhaltspunkt dafür, daß diese Dichtung um 1270, vor mehr als siebenhundert Jahren, fertig vorlag. Berthold von Regensburg ist selbst ein Meister der Sprache und Mitbegründer der deutschen Prosa. Er kämpfte mit dem Worte für die sittliche Erneuerung und wandte sich gegen die Unterdrückung der Schwachen und Armen. Mit einem Schreiben, in dem über wichtige soziale Vorgänge Aufschluß gegeben wird, forderte Papst Urban IV. den Mönch Berthold auf (1262), Albert den Großen, welcher von 1260 bis 1262 Bischof von Regensburg war, in den Kreuzzugspredigten zu unterstützen.[1] Der Dichter Heinrich Frauenlob (um 1260–1318) feiert ihn und sagt: «Durch seinen Mund hat Gott vom Himmel geredet.»[1a] Bruder Berthold starb am 14. Dezember 1272 und wurde in der Regensburger einstigen Minoritenkirche beigesetzt.

52

Von allen Gralsdichtungen des Mittelalters ist der «Jüngere Titurel» des Albrecht von Scharfenberg – die Verfasserfrage hat Werner Wolf in seiner Abhandlung «Wer war der Dichter des Jüngeren Titurel?»[2] einleuchtend geklärt – wohl die umfassendste. Dies nicht nur deshalb, weil sie mit ihren 6283 siebenteiligen Strophen (in der Zählung des Herausgebers Werner Wolf) einen beträchtlichen Umfang erreicht, sondern auch, weil das Leben des Gralshüters *Titurel*, der nach der Sage fünfhundert Jahre alt wird, einen so weiten Rahmen abgibt, um alles, was je über den Gral geschrieben wurde, darin zusammenzufassen. Innerhalb dieses Spätepos der höfischen Dichtung treten alle oder zumindest viele der bei den früheren Dichtern vorkommenden Gestalten wieder auf, und zwar so, daß wir ihre Schicksale sich da vollenden sehen. Das gilt für Parzival, Sigune und Schionatulander, für Herzeloyde, Gahmuret und andere, deren Leben hier in neuen Zügen und Einzelheiten ausgeführt wird. Die Taten und Leiden dieser Personen, zu denen auch der König Artus und sein Kreis gehören, sind alle in der Zeit verlaufend zu denken, da Titurel zwar sein Gralskönigtum schon an seinen Sohn Frimutel abgegeben hat und dieses dann an Anfortas und Parzival übergeht, der greise Stifter des Gralstempels aber dennoch noch immer unter den Seinen weilt und endlich noch die Übersiedlung des Grales nach den «drei Indien» zum Priesterkönig Johannes (*priester Johan*), zusammen mit Parzival, bewerkstelligt. Auf dem Wege dahin begegnen wir auch wieder Parzivals weisem Halbbruder Feirefis. Aber damit ist der Rahmen dieser Gralsdichtung noch nicht abgesteckt. Titurel, mit dessen Abstammung, Kindheit und Jugend das Gedicht begann, erzählt in der

Abschiedsrede vor seinem Tode, veranlaßt dadurch, daß danach *gefragt* wird, vom Ursprung des Grals aus dem Heilsgeschehen um Golgatha. Indem hier der Dichter die Gestalt und die Tat Josephs von Arimathia (*Joseph von Aromate*) ausdrücklich hervorhebt, gibt er damit aus einer weiten Sicht den Zusammenhang seines Werkes mit Robert de Boron zu erkennen. Es entsteht vor uns, die dazwischen liegenden Dichtungen eingeschlossen, ein lückenloses Bild von neunzig Jahren Dichtungsgeschichte des heiligen Grals, etwa von 1180 bis 1270.

Gewiß, auch Ulrich Füetrer hat noch im 15. Jahrhundert die beliebtesten Gralsepen (Parzival, Jüngerer Titurel, Die Crone, Lohengrin) bearbeitet und in seinem «Buch der Abenteuer» zusammengefaßt. Aber der eigentliche poetische Zauber, der die Werke vom 12. und 13. Jahrhundert auszeichnet, ist später nicht mehr da.

Aus der ganzen Diktion des Gedichtes «Der Jüngere Titurel» entsteht der Eindruck, daß es sich um eine an die Grenze ihrer Reife gelangte Frucht des bis dahin noch in Entwicklung befindlichen Sagenstoffes handelt. Albrecht von Scharfenberg unternahm es, die aus dem Volkstum heraus reifende Frucht zu pflücken, ehe sie verfiel. Er trat damit in die Fußstapfen Wolframs von Eschenbach, des Dichters des «Parzival», der fünfzig Jahre vorher schon begonnen hatte, seinen «Titurel» in der gleichen Strophenform, der Titurelstrophe, zu dichten, aber bei Bruchstücken verblieb (woraus wir später im Kapitel 55 zitieren wollen). Albrecht übernimmt dieses Fragment, den älteren Titurel, baut es entsprechend weiter aus und führt obendrein den Wolfram noch nicht geläufigen Endreim in der ersten und dritten Halbzeile (im oben angeführten Beispiel *gehiuren – creatiuren*) durchwegs ein. Werner Wolf meint, daß sein Verhältnis zu dem berühmten Vorgänger mehr als nur ein literarisches, daß es ein persönliches gewesen sein müsse. Er habe ihn wohl in der Jugend als seinen Lehrmeister aufgesucht.

Den «Jüngeren Titurel» muß er zuletzt als alter Mann in Angriff genommen haben, denn er bittet oft seinen Gott, daß er ihm Kraft bis zur Vollendung reiche. Auf zeitgenössische fürstliche Persönlichkeiten spielt er mitunter an, als da sind: der Landgraf Hermann von Thüringen, der Gönner Wolframs von Eschenbach, gestorben 25. April 1217 *(JT 727, 2381, 3757 H)*; Richard von Cornwallis, deutscher König von 1257 bis 1272 *(2946 H)*; ein Herzog von

Kärnten, wohl Ulrich II., der 1269 sein Land und das Land Krain dem Böhmenkönig Otakar II. vermachte *(1979 H)*. Die älteste Handschrift des Gedichtes, die wir besitzen (die Wiener Pergamenthandschrift), ist am Prager Hofe Otakars II. geschrieben worden. Albrecht muß daran gedacht haben, sein Buch Ludwig II. dem Strengen, Herzog von Bayern und Pfalzgraf bei Rhein (1253–1294), zu widmen, dem Mitbewerber um die Kaiserkrone neben Rudolf von Habsburg (dies zu entnehmen aus dem sogenannten Heidelberger Verfasserbruchstück).[2] Aber dennoch mehr als diese höfischen Bindungen scheinen den Dichter die Ziele bewegt zu haben, die schon Wolfram gemäß seiner Berufung auf seine geheimen Gewährsmänner Kyot und Flegetanis mit seinem «Parzival» verband. Wolf teilt die folgenden aufschlußreichen Schlußstrophen mit, welche die Geheimtradition wieder aufnehmen und mit welchen die vorhandenen Handschriften abschließen:[2]

Kiot, Flegetanîse den was her Wolfram gebende
dise aventiur zu prise, die bin ich Albrecht hie nach im ûfhebende,

darumb daz drîer dinge minner waere:
der sünden und der schanden,
das dritt, mich drücket aremuot die swaere.

Swer disiu drî verswachet, mit tugend lebn zu mêren
und ir nu minner machet, dem müeze got der saelden rat so kêren,

daz er darûf belîbe staet und lange,
ich mein zu beiden sîten,
hie und dort, zu engelischem sange.

In neuhochdeutscher Übertragung:

Kyot und Flegetanen
Herr Wolfram im Gedichte
bezeugte klar mit Namen,
indes ich, Albrecht, mich zu ihnen pflichte.

Warum? Um dreier Dinge Macht zu mindern:
Der Sünden und der Schanden,
der Armut auch, wer möchte sie mir lindern?

Wer diese Drei kann schwächen,
Der Tugend Reich zu mehren,
und jener Vorrang brechen,
dem möge Gott die Saelde so gewähren,

daß er mit ihrem Vorrat reiche lange,
ich meine hier und dort,
wo sie geleitet zu der Engel Sange.

Der Gralsdienst soll also die Menschen vor Sünden und Schanden behüten und vor dem Ruf des Grals soll der Unterschied von Arm und Reich unerheblich werden (vgl. *P 471* «Ob sie arm ist oder reich ... sie sind vor sündlichen Schanden dort immerdar behütet»; Kap. 41). Unter den dichterischen Gestalten ermangelt es nicht an Beispielen. Sigune und Schionatulander, die auf ihre rechtmäßig angestammten Länder warten, malen sich aus, wie sie, wenn es ihnen einmal beschieden sein sollte, Herren ihrer Länder zu sein, die Witwen und Waisen, die Armen und Verfolgten schützen würden,

daß sie die Fremden grüßen
gedachten, zu bewirten nicht vergaßen,

die Witwen und die Waisen wollten speisen
und ihre Tränen stillen,
die Ärmsten schützen, die in Ängsten reisen.
(JT 5015 H, 5053 W)[1]

Wir wollen noch eine Strophe aus dem «Jüngeren Titurel» hinzufügen. Ja, ist es nicht denkbar, daß mit den «drei Fürsten», denen sich Albrecht in seinem Prolog verpflichtet und nach denen ihn «niemand fragen darf», keine weltlichen Fürsten gemeint sind, sondern die dreifaltigen Gegenmächte gegen Sünde, Schande und Armut? Das Nichtfragendürfen ist auch ein Gralsmotiv, wie es sich an Lohengrin erfüllt *(P XVI 819, 5-8)*.

Der Dichter sagt, auf die *Trinität* anspielend, die seit Wolfram aufs engste mit dem Gral zusammengehört:

Ich will mich unbefangen
nach dreien Fürsten richten,
ich hab es angegangen,
mich ihrem Auftrag dienstlich zu verpflichten.

Für sie muß ich nun all mein Leben wagen,
in Sturm und Streite,
und wer sie sind, das darf mich niemand fragen.
(JT 58 H, 64 W)

Der Dichter verrät auch nirgends seinen eigenen Namen. Das wäre vielleicht in der Zeit, in der die Vernichtung des Templerordens schon bevorstand, auch nicht mehr ratsam gewesen. Im Zwiegespräch mit der Frau Aventiure (vgl. Kap. 37) redet ihn seine Muse mit «mein Freund aus Bleienfelden» – offenbar eine alchimistische Bezeichnung – an.

In dem vorhin erwähnten, von Werner Wolf in seiner Auswahlausgabe mitgeteilten sogenannten Heidelberger Verfasserbruchstück, Strophe 13, zeugt der Dichter von sich: «Ich Albrecht». Wie sehr er seinen großen Vorgänger Wolfram verehrt, bringt er da weiter zum Ausdruck:

Ich Albrecht niemand schelte,
solch Laster bleib' mir fremde.
Doch wenn bei Gott es gälte,
den Eschenbacher seh'n im Engelhemde,
geflügelt, wie der Sonne Glanz ihn krönte,
unmöglich schien's trotzdem,
daß Werkes reiches Lob mir lauter tönte.

Wollte man sich ein Bild vom Dichter des «Jüngeren Titurel» rein aufgrund des sittlichen Eindrucks von seinem Werke machen, so riete man auf die hochaufragende Gestalt eines älteren Mannes, der in den geistigen Strömungen seiner Zeit Bescheid weiß und die Seelenart seines Volkes kennt. Seine Augen blitzen kühn in die Ferne, während der nie unterbrochene Fluß der Rede die Leute, welche noch nicht in die Weite dringen, durch die Breite überzeugt. Denn es gab niemand, der da Langeweile empfand, wenn er durch endloses Ausmalen und Wiederholen der Worte in einen höheren Fluß der Zeit emporgehoben wurde, in dem Gott und die Geister wandeln, wenn sie Geschichte machen.

Titurel wird fünfhundert Jahre alt. Das ist in einem physischen Menschenleibe unmöglich. Titurel ist eine mythische Persönlichkeit. Jeder Mythus hat einen tieferen Sinn. Titurel ist als Verwalter des Grals alt geworden. Mit vierhundert Jahren, obwohl er noch immer wie ein Fünfziger aussieht, legt er sein Amt nieder (Wolframs Titurel-Fragment beginnt damit). Er gibt die Herrschaft seinem Sohne Frimutel ab und lebt auf der Gralsburg weiter. Er überlebt Frimutel ebenso wie anscheinend dessen Sohn Anfortas. Während der Ereignisse, die mit der Ankunft Parzivals zusammenhängen, lebt er im Hintergrunde. Man bedient ihn in seiner Kammer mit der Hostie, durch sie unterhält er sein Leben (Chrestien, Kap. 20). Er erscheint aus dem Schicksal der gewöhnlichen Sterblichen herausgehoben. In schwierigen Zweifelsfällen befragt man ihn um Rat, und er läßt seine weisen Urteile verlauten. Selber wie schicksallos, sammeln sich die menschlichen Schicksale um ihn. Als Feirefis beim Gralsmahl in die Not gerät, den Gral nicht erblicken zu können, rät Titurel dem Heiden zum Empfang der Taufe. Bei dieser Taufzeremonie wird im Wolframschen Epos «Parzival» der Gralstempel innerlich betreten und das von Titurel einst gestiftete Taufbecken benützt. Sonst bleiben bei Wolfram die Wunder des Gralstempels unbesprochen. Die priesterlichen Funktionen in dem Tempel werden von einem alten Priester, hinter dem wir immer Titurel ahnen, nach eigenem Ritus versehen. So kann man mit Titurel die Vorstellung des leuchtenden Greises verbinden, der in seinem Gemach sitzt, weil seine Füße von Podagra gelähmt sind. Der Sinn des Mythus ist, daß die Individualität des Titurel einen Kristallisationspunkt abgibt für Grals-Schicksale. Deshalb *mußte* er zum Träger eines eigenen Epos, einer eigenen Märe gemacht werden.

Albrecht (von Scharfenberg) holt den *Titurel* aus seiner Verborgenheit und stellt ihn mitten in die Horizonte des Weltgeschehens. Titurels geistiges Format, das wir bisher nur ahnen konnten, wird äußerlich sichtbar. Seine Biographie entrollt sich.

In «Kürschners Deutscher Nationalliteratur»[3] gibt Prof. Dr. Paul Piper über den Aufstieg Titurels[4] folgende Inhaltsangabe (in der Wiedergabe leicht gekürzt):

«Sein Geschlecht stammte aus Kappadozien[4] und wird von

Flegetanis, dem Sternwarten, sehr gepriesen. Der Stammvater hieß Senabor, der noch ein Heide war, dessen Nachkommen aber Christen wurden. Dessen Sohn hieß Barille (Beryllus) nach dem edlen Steine. Dieser ließ sich mit vier Brüdern und einigen Schwestern taufen. Der Ruhm seiner Weisheit breitete sich weit aus. Damals belagerte Vespasian Jerusalem ... Barillus wurde von dem Kaiser wegen seiner Hülfe sehr geehrt. Er reiste mit seinen Brüdern Sabilor und Assibor nach Rom, gewann im Auftrage des Kaisers Frankreich dem Christentum. Seine Brüder erhielten Antschowe und Kornevale. Dem Barille vermählte der Kaiser seine Tochter Argusille. Die Heiden von Galitze und Sarogozze wurden unterworfen. Dies geschah fünfhundert Jahre vor Gandin, dem Vater Gahmurets. Der Sohn Barilles war Titurisone ... Er vermählte sich mit Elyzabel, der Tochter des Bonifant von Arragun, eines Nachkommen des Kaisers Tyberie. Diese lebten sehr glücklich, hatten aber keine Erben. Man riet ihnen zu einer Wallfahrt nach dem heiligen Grabe, wo sie ein reiches Bild opferten. Da ward ihnen ein Sohn geschenkt, von dem ein Engel ihnen verkündete, man solle ihn sorgfältig und heilig erziehen, er werde dereinst ein ritterlicher Hort der Christenheit werden. Auf den Rat der Weisen wurde bei der Taufe, die ein Bischof vollzog, das Kind Titurel genannt, indem man ihm fünf Buchstaben des Vaters und zwei von der Mutter gab. Der Knabe gedieh vortrefflich. Er wurde in der Grammatik und im Rittertum unterwiesen. Da er auch von der Minne las, warnte ihn die Mutter, und die Minne erschien ihm daher als eine Eingabe des Geistes der Hölle. Doch sein Meister belehrte ihn, die Minne zu Gott dürfe er sich nicht nehmen lassen ... Titurel unterwarf sie (die empörerischen Heiden) mit großer Tapferkeit und zwang sie zur Taufe. Er gewann auch die Liebe aller, die ihn kannten, so edel und rein zeigte er sich in seinem Leben.

Da er so tugendhaft war, so wurde ihm ein Engel gesandt, der ihn berief, dem Gral zu dienen ... Ein anderes Märe erzählt von dem Gral und seinem Gesinde. Der Engel pries ihm die Herrlichkeit des Grales, welcher mitten in der Foreis Salvatsche läge. Ungern willigten die Eltern darein, Titurel ziehen zu lassen; allein die hohe Ehre mochten sie ihm nicht entziehen. Ihr Reich beschlossen sie, den Kindern Barilles von Antschowe und Kornevale zu hinterlassen.

In Foreis la Salvatsche, einem Walde, der sechzig Meilen ins

Geviert maß, liegt einsam ein Berg, welcher Montsalvatsch heißt. Das Land heißt Salvaterra. Dorthin führte der Engel den Titurel (die Unsichtbaren führten ihn mit himmlischem Sange der wilden Pfade), wo Farren, Wermut, Calamarbe, Artemisia, Agrimonia, Verbene, Erbarbe, Cypressen, Cassemandel, Mirren, Cedern, Lärchen, Prisilien, Triasandel und Aspinde, woraus Noah die Arche baute, dicht verwachsen sich fanden. Auf dem Berge baute Titurel eine kostbare Burg. Ingesinde, welches ihm dienen sollte, fand er auf dem Berge vor in Zelten. Das heilige Gefäß schwebte bis dahin in Lüften, weil niemand es berühren durfte. Engel hielten es unsichtbar. Das Land ist nach Gott dem Erlöser genannt ... Zum Bau des Tempels (den Titurel beschloß) wurde die Kunst des Pythagoras und die Wissenschaft des Herkules in Anspruch genommen. Eines Tages fand man von Gottes Hand selbst den Grundriß auf dem Gipfel des Berges (der aus Onyx bestand) gezeichnet.»

Titurel wird also fünfhundert Jahre vor *Parzival* geboren. Das Land Anschaue, in dem Parzivals Vorfahren siedeln, hatte neben anderen Ländern die Familie Titurels innegehabt. Von seiner Geburt an, die ein Engel vorverkündet, ist Titurel ein Genosse der Engel. Sein Name wird von sieben auserkorenen Buchstaben gebildet. In seine Erziehung teilen sich seine Mutter und sein Lehrer und lassen ihn die rechte Mitte in den Pfaden der Liebe finden. Er wächst zum Helden und Heiligen zugleich heran.

Den Gralstempel, sein größtes Erdenwerk, in den die Engel dann den Gral herniedersenken, baut er, weil ihn die Menschen dauern, die den Gral nicht genießen dürfen. Durch sein Lebensmotiv der Selbstlosigkeit, das er von seinen schon betagten Eltern erbt, ist Titurel «*der Reine*». Er verkörpert im Tempel seines Leibes reines Menschtum.

> Hört hier zum ersten Male,
> wie Titurel der Reine,
> in Gottes Ehr' dem Grale
> den Tempel stiftete aus hellem Steine,
> und anderm nicht als nur aus warmem Golde,
> dazu auch Lignum Aloe,
> sofern des Holzes man bedürfen sollte.
> *(JT 311 H, 329 W)*

Die Verkündigung des Engels an die Eltern Titurels, während diese nach Jerusalem wallfahrten, hat eine gewisse Ähnlichkeit mit der Verkündigung der Geburt Marias an das alte Ehepaar Joachim und Anna, mit welcher Robert de Boron sein Gedicht einleitete. Auch hier ist der Ort der Verkündigung die Heilige Stadt, aber wichtig ist, daß das Hirtenfeld mit dem heiligen Grabe vertauscht wird. Anders als bei Joachim erfolgt die Verkündigung nicht zum Troste, weil der Hohepriester ihn wegen seiner Unfruchtbarkeit, d.h. im alttestamentlichen Sinne Gottverlassenheit, fortwies, sondern umgekehrt zum Lohne, daß Titurison und Elyzabel etwas geopfert, nämlich «ein reiches Bild», das Menschenbild, das sie seit dem Mysterium von Golgatha haben können, zum heiligen Grabe hingetragen haben. Hier ist das Mysterium von Golgatha Entwicklungstatsache geworden. Zum Grabe pilgern jetzt die Kinder-Suchenden. Auf den Ort der Grablegung werden sie gewiesen, weil aus dem Grab der Gral und damit für den Menschen der nachchristlichen Zeit das rechte Leben in seinen Leibern (Hüllen) hervorgeht. Das neue Bild des Menschen vervielfältigt sich von hier aus. Titurel selbst verleiblicht sich aus solchen Voraussetzungen heraus. Dadurch ist er Titurel «*der Starke*».

Wolfram beginnt sein Titurelfragment mit dem «starken Titurel».

In umfassender Weise beleuchtet, ersteht für den Dichter zuletzt Titurel «der *Weise*». Als der uralte Titurel, gegen Ende des Gedichtes, mit dem Gral und den Seinen in Indien ankommt, zieht ihm zum Empfang, zugleich den Priester Johannes voranküngend, Parzivals Halbbruder Feirefis entgegen, der sich dem Johannes freiwillig unterstellte. Da veranlaßt die Rede des Feirefis, daß der Priester Johannes nahe beim Paradiesesbaum wohne – der zwar mit seinen Früchten die Menschen verführte, aber auch das Holz lieferte, an dem der Sohn Marias ihnen die Gnade wiedererwarb – den Dichter zur folgenden Strophe:

Titurel der Weise
all diese Rede hörte
vom selben Baum und Reise:
Die Märe seine hohe Freude mehrte.
Im stillen Herzen er doch sehr beklagte,
daß man ihm von dem Reise
und von der Jungfrau Kind so selten sagte.
(JT 6043 H, 6106 W)

Titurel ist also mit seiner Weisheit einsam. Obgleich ihm Parzival, der mit nach Indien zieht, an Reinheit und Stärke nachschlägt, so doch nicht in gleichem Maße an Weisheit. In dieser wird Parzival sogar von Feirefis übertroffen. Denn es haftet ihm für dieses Leben der Schaden an, daß er vor dem Grale nicht *fragte*, wer Titurel sei.

Rein ist, wer sich die Gralesentwicklung im physischen Leibe, in seinem Blute, zu eigen macht, indem er dieses läutert.

Stark ist, wen in seinem Lebens- oder Ätherleib die Gralsspeise ernährt. Oben wurde gezeigt, wie die Initiative und Tatkraft, die ein Mensch im Leben hat, in der Wissenschaft vom Gral so erklärt wird.

Weise wird, wer die Gaben des Grals im Seelenleibe zur Verstärkung des eigenen Seelenkernes in der Aktivität des Erkenntnisringens gebrauchen lernt. Eine tiefe Bestürzung muß die Eingeweihten des Grales darob erfaßt haben, daß Parzival, den sie als eine historische Persönlichkeit des 9. Jahrhunderts ansahen, nicht gefragt hatte. Sie mußten, als das Jahr 1250 herannahte, dies als Symptom des Versagens der alten Gnadenwege auffassen, aber auch Vorsorge für das Vorhandensein eines neuen Weges zur Weisheit in der Menschheit treffen. Die Mitte des 13. Jahrhunderts ist der Zeitpunkt der Krise. Vor 1250 war die Gralsoffenbarung durch die Dichter noch unvollständig. Nach 1250 wurde zu ihr im «Jüngeren Titurel» die Offenbarung eines neuen Weges – Sigune und Schionatulander – hinzugefügt. Das war zur Zeit, als auch Thomas von Aquino sein Leben (1225–1274) vollendete, der – so sagt es Rudolf Steiner – gewissermaßen mit der Frage auf den Lippen starb: «Wie wird das Denken christlich gemacht?»[5] Diese Frage wurde auch zur *neuen* Gralsfrage.

54

«Die Kinderliebe» der *reinen* Sigune, des Ur-Enkelkindes Titurels, und des *starken* Schionatulander, des Artus-Sprossen, metamorphosiert sich in ihnen, als die beiden in das Alter von Mann und Frau kommen, zur *Weisheits*liebe. – Sie sind Zeitgenossen Parzivals aus dem 9. Jahrhundert. Nach 1250 ist es an der Zeit, zu offenbaren, was sie, für das Zeitalter nach 1250, getan haben.

Titurel hatte durch seinen Sohn Frimutel fünf Enkelkinder, die alle individuelle Schicksale haben: Anfortas, Trevrizent, Schoisiane, Herzeloyde und Repanse de Schoye. Die mittlere, Schoisiane, war die erste Jungfrau, von der sich der Gral tragen ließ: «ein *schöneres* Mädchen sah man weder bei Sonnen- noch bei Mondenschein» (Chrestien). Das Schicksal vermählte sie mit Kiot von Katelangen und brachte ihr bei der Geburt ihrer Tochter den *Tod*. Das *Leben* Sigunes erwächst aus ihrer Mutter Tode. Sie ist die «wehklagende Jungfrau» Chrestiens, die wir hier als Persönlichkeit kennen lernen sollen.

Der trauernde Witwer Kiot – nicht zu verwechseln mit Wolframs gleichnamigem Meister Kyot – zog, begleitet von seinem Bruder Manfilot, in die Einsamkeit, wo wir die beiden schon Ergrauten in Wolframs «Parzival» als Oheime Kondwiramurs kennen lernen. Ihr, der Gattin Parzivals, Vater war Tampenteire, der dritte der Brüder. Dieser Oheim Tampenteire nahm Sigune als Säugling ins Haus und zog sie zusammen mit Kondwiramur, die auch noch an der Mutterbrust lag, auf, so lange er lebte. Fünf Jahre blieben die Mädchen Spielgefährtinnen (eine ebenso lange Zeit, als Kondwiramur sich später von Parzival trennen mußte) (vgl. Kap. 35). Dann starb Tampenteire, und es nahm die Muhme Herzeloyde Sigune zu sich. Mit ihrem Schränkchen voller Puppen brachte sie ihr eigener Vater Kiot dahin. Die Puppen stellten Ritter dar, die Sigune dienten. Sie spielte also schon als Kind mit dem «reichen Bilde», dem Menschenbilde, das die Eltern Titurels am Heiligen Grabe geopfert hatten. Im Lichte dieses Bildes erblickt sie später Schionatulander.

Sigune stammte aus dem Gralsgeschlecht. Deshalb gebührt ihr, wie der Dichter sagt, der Vorrang vor Schionatulander, der aus dem Artusrittertum stammte.

Inzwischen gewann Gahmuret Herzeloyde zur Gemahlin (in

der im Kapitel 32 näher beschriebenen Weise). Den Knappen, der Gahmuret schon auf seiner ersten Ostfahrt begleitete, hatte ihm einst seine Jugendfreundin, die französische Königin Anflise, als ihre Liebesgabe gesandt. Es war dies Schionatulander. Gahmuret war unzertrennlich von ihm und teilte mit ihm sein Gemach. Nun entflammen die Kinder Sigune und Schionatulander in einer «Kinderliebe» zu einander, die Wolfram in seinem Titurelfragment und Albrecht, ihm folgend, hinreißend schildern. Sie entdecken sich ihren Pflegeeltern, die ihre Liebe billigen. Dann unternimmt Gahmuret seine zweite Ostfahrt und stirbt, durch Verrat verwundet, in den Armen Schionatulanders, nachdem er Herzeloyde seiner Sorge empfahl.

Jetzt, nachdem den beiden Kindern der Tod Erfahrung wurde, beginnt das Drama ihrer Weisheitsliebe, durch welches Gralsströmung und Artusströmung endgültig vereinigt werden sollten.

55

Als eines Tages die Liebenden bei einem Zelt auf einer Waldwiese verweilen – man erinnert sich an das von Chrestien her bekannte bunte Zelt mit der schlafenden Jungfrau, Anfang eines Erkenntnisweges, – da springt mit lautem Gebell, einem weidwunden Wild auf der Fährte, ein *starker* Bracke (gefleckter Jagdhund) durch den dichten Wald. Der starke Schionatulander war ein sehr schneller Läufer. Das war auch Trevrizent in seinen jungen Jahren gewesen. Es war ja nach dem Johannesevangelium auch der Jünger, den der Herr liebhatte, ein sehr guter Läufer, denn er überholte den Petrus auf dem Lauf nach dem Heiligen Grabe (ein Zeichen seiner Initiative und Tatkraft). Schionatulander also fing den starken Hund und trug ihn auf dem Arm zu seiner Freundin am offenen Zelte. Er ist ein mit großer Kraft begabtes, gelenkiges, von seinem Herrn, dem es davonlief, kaum zu bändigendes Tier. Der Bracke trug kostbaren Schmuck: ein Halsband von grünem Samt (Achmardi), von dem Edelsteine wie die Sonne glänzten. Hinter sich zog er ein 12 Klafter langes Leitseil, und dieses bestand aus Seidenborten, deren Farben nach Spannenlänge in Gelb, Grün, Rot und Braun wechselten. Dazwischen waren perlenbestickte

Ringe eingewirkt. Sigune sah nun zuerst, daß die Steine auf Halsband und Seil eine Schrift bildeten. Zuvorderst war der Name des Hundes *Gardevias*, zu Deutsch «Hüte der Fährte», zu erkennen. In Wolframs «Titurel» heißt es (144–145):

Die Herzogin Sigune
las den Beginn der Märe:
Ein Brackennamen ist das Wort,
das den Werten doch geziemend wäre:
Mann und Weib, die schön der Fährte hüten,
Hier wird es ihnen Gunst der Welt
und dort der himmlische Lohn vergüten.

Sie las am Halsband weiter,
noch nicht an dem Seile:
Wer immerdar der Fährte
hütet, dessen Preis ist nimmer feile,
Da er im lautern Herzen so erstarkte,
Daß ihn nie ein Aug' ersieht
auf dem wandelbaren unsteten Markte.

Die 144. Strophe des Wolframschen Titurel verweist Mann und Frau, also im allgemein menschlichen Sinn jedermann, auf eine «Die Fährte Hüten» genannte Tätigkeit, die nicht nur Gunst der Welt, sondern auch Lohn im Himmel (in der Gegenüberstellung «hier und dort») verspricht. In anderer Art beleuchtet die 145. Strophe «Die Fährte Hüten», also die gleiche Tätigkeit, von der Seite des Erstarkens des menschlichen Tugendlebens.

Da ein Hund der Träger dieser Botschaft ist, so handelt es sich um eine Tätigkeit und Kraft des intelligenten Weltbegreifens. Der Vergleich des Verstandes mit einer Eigenschaft der Hundegattung, nämlich dem Spürsinn, ist alt, stammt aber noch aus der Zeit, wo man noch nicht vom persönlichen Verstandesbesitz, sondern von einem kosmischen, dem Weltgebäude innewohnenden Verstande (Nous) sprach. In diesem Sinne verehrten die Alten die kosmische Vernunft und errichteten ihr ein Zeichen im Sternbild des Großen Hundes, des Sirius und seiner Sterngruppe (griechisch Kyon), dem am Himmelsgewölbe der Kleine Hund, der Prokyon, als Zeichen für die menschliche Vernunft, wie Mikrokosmos dem Makrokosmos, gegenübersteht. Und eine Richtung unter den griechischen Philosophen, die zu ihrer Zeit schon nicht mehr ein rechtes

Ansehen genoß, die Kyniker (Zyniker), benannte sich nach dem Hunde. Diogenes gehörte dazu, der in einem Faß wohnte und sich vom König Philipp von Mazedonien nur das eine ausbat, daß er ihm aus der Sonne ginge. Darin ist nicht nur die Genügsamkeit ausgedrückt, sondern auch die Weisheit, daß solche Philosophen sich nur als ein Gefäß für die von der Sonne herabströmende Intelligenz betrachten wollten und sich jeder Eigenkultur des Denkens enthielten. Wir wissen, daß Philipp, sich abwendend von solchen Weisheitsschulen, als Lehrer für seinen Sohn Alexander den ersten Eigendenker der griechischen Kultur berief: Aristoteles.

In unserer Sage ist Kei der Kyniker unter den Artusrittern (vgl. Kap. 26). Er ist in seiner dekadenten Art des Verstandesgebrauches, wie man an seinem Auftreten als Gegner Percevals sah, dem Gralswege feindlich. Wir sahen schon bei Robert de Boron, wie sich eine intellektuelle Entwicklung auch innerhalb der Gralströmung, im Zusammenhang mit der Gralsfrage, anzubahnen beginnt. Nun spricht Rudolf Steiner in einem Vortrag vom 1. Oktober 1922[6] von einer «tief esoterischen Strömung» und gewissen Schulen in Asien, die «mit Hilfe der griechischen Begriffe des Aristoteles das Ereignis von Golgatha verstehen wollten» und über Nordafrika dasjenige nach Europa herüber brachten, was dann in der Gralsströmung weiter gepflegt werden sollte.

Damit ist «die Fährte» gegeben, der wir folgen. In der Schrift auf dem Leitseil des Gardevias dürfen wir, in die Blumensprache der Mystik gekleidet, die 10 Kategorien des Aristoteles wiederentdecken und entziffern.

Nicht nur den *Namen* (den Symbolcharakter) des Hundes erfährt Sigune aus der Schrift des Halsbandes, sondern auch Hindeutungen auf ihr eigenes Schicksal. Dies erkennen wir, wenn wir herausfühlen, wie die zwei Schicksale, von denen die Inschrift erzählt, Sigune zur Selbsterkenntnis stimmen können. Zuerst liest sie von einem Paare (Ilinot und Florie); in der Erzählung erliegt der Ritter (Ilinot) einem Speer, und die Braut (Florie) stirbt ihm nach. Ihr selbst steht ja, um sie zur «wehklagenden Jungfrau» zu machen, der Tod Schionatulanders bevor, den sie selbst mitbewirkt, indem sie ihn zwingt, ihr den unversehens entwischten Hund ein zweites Mal zu verschaffen – großartiges Beispiel für die Wiederkehr der Situationen auf dem Gralswege (Kap. 15), ein

Beispiel allerdings, welches hier beim zweiten Mal tragisch mißglückt, weil es die höchste eigene Regsamkeit in Anspruch nimmt. Dann liest sie weiter, wie jene Unglückliche eine Schwester hat (Klauditte), die unter ähnlichen Umständen einen Gemahl suchte und fand wie Herzeloyde, und wie der Hund Gardevias eine Liebesgabe der Klauditte an ihren Gemahl Ehkunat war. Was kann das der Sigune sagen? Ihr Freund war ja selber Liebesgabe der französischen Königin Anflise an Gahmuret.

Jetzt geht sie zum Seil über, es ist 12 Klafter lang, und als sie es von der Zeltstange abgewickelt hat und in die Hand nimmt, zuckt der Hund «und entsprang auf des Jagdwildes Fährte». – Der Freund, der indessen im klaren Bache *fischte*, also ein christliches Schicksal im Umgang mit Sigune sucht, warf sofort die Angel weg und setzte barfuß dem bellenden Bracken nach, allein um mit wunden Sohlen und leeren Händen zu Sigune zurückzukehren.

Da sprach er: «Wo sah man
wohl je ein Seil beschrieben?
Französische Liebesbücher
gibt es viel: mir ist die Kunst nicht geblieben,
Sonst läs' ich wahrlich doch darinne.
Sigune, süße Magd, die Schrift
an dem Seile schlag dir aus dem Sinne.»

(Wolfram, *164)*

Sie fordert von ihm das Brackenseil zum zweiten Mal. *Er*, nur er soll das Seil erobern. Sie macht ihre Verbindung mit ihm von der Erfüllung dieser Bedingung abhängig. In ihm erfüllt sich ihr esoterisches Streben.

56

Schionatulander und Sigune begeben sich zunächst an den Hof des Königs Artus, wo sie erfahren, daß der wilde Orilus sich des Bracken bemächtigt hat und ihn der Jeschute, der «schlafenden Jungfrau im Zelt» bei Chrestien, überließ. Man kennt Orilus als Erkenntnisfeind, der lieber in der Unwahrheit als in der Wahrheit lebt (Kap. 16), und Jeschute als eine von Parzival noch nicht genützte Erkenntniskraft, die aber hier bei Schionatulander zum

Einsatz kommen sollte. Es wird dem Schionatulander klar, daß er um den Besitz des Gardevias mit Orilus wird kämpfen müssen.

Eine glänzende Gesellschaft tagt bei König Artus. Da bat ihn Sigune, es möge die Schrift des Brackenseiles vorgelesen werden und Artus bewilligte das. «Schionatulander *wunderte* sich über die Schrift (‹durch das *Staunen* begannen die Menschen zu philosophieren›, sagt Aristoteles) und Keie sagte, sie sei dazu da, um Recht in Unrecht zu verkehren.»

Schionatulander ist ein Enkel des Gurnemanz, so daß die Lehren des Hundebriefes auch als eine Berichtigung der Unterweisung des Gurnemanz gelten können. Dieser riet ja dem Parzival, den Verstand nicht weiter zu gebrauchen, als der Umkreis der fünf Sinne reiche, und darüber hinaus das Fragen nicht zu erweitern (*III, 171, 17-24*), weshalb Trevrizent tadelnd sagt:

> Gab dir Gott fünf Sinne doch:
> Die haben übel dich beraten.
> Sprich, welchen Beistand sie dir taten
> In der entscheidenden Stunde
> Dort bei Anfortasens Wunde? (*P IX 488, 26-30*)

Jetzt aber nach 1250 gilt es im Sinne der Forderung des Thomas von Aquino das Denken zu verchristlichen, es zum Ergreifen des Übersinnlichen heranzuschulen, wofür eben Sigune und Schionatulander die Vorbereiter waren. Mit welchem Erfolg dagegen bereits im Abendland die Gegenströmungen walteten, zeigt die unter dem Einfluß des Gurnemanz unterlassene Parzivalfrage.

Hören wir nun von den zwölf Tugendblumen, hinter denen sich die Kategorien verbergen, wie eben nur *zehn* Blumen ausdrücklich besprochen werden.

> Wenn du zum Ehrentanze
> langsam und leise gehst,
> zwölf Blumen dir zum Kranze
> du flichtst, damit du vor dir selbst bestehst
> in reiner Zucht am keuschen Weiheort.
> Nun hüte wohl der Fährte.
> Dein Kranz strahlt licht, von keiner Sucht umflort.
>
> So spricht die *dritte* Blume
> (daß sie mir niemand kränke):
> Sei *mild*! Und nicht zu Ruhme

der Welt. Nur Gotteslobs dabei gedenke.
Der Milde miß ein Maß nach steter Lehre.
Nun hüte wohl der Fährte,
daß Milde nicht in Argheit sich verkehre.

Die *vierte* Blume, *Treue*, die ziert ob aller Zierde,
im Tau gebroch'ne, neue.
O daß ihr Wert niemals gewandelt würde!
Die Treue hat Sankt Petern wiederbracht.
Nun hüte wohl der Fährte,
daß du nicht fällst wie Judas in die Acht.

Hier steht die *fünfte* Blume,
von Verwesung frei,
in Wohlgeruch und Ruhme
und ziert noch besser als die besten drei.
Man nennt sie auch das Maß in allen Dingen.
Nun hüte wohl der Fährte.
Dir wird dein Kranz die Himmelskrone bringen.

Die *sechste* ist die *Sorge*;
sie führt viel Gut mit sich.
Wer Güter leiht auf Borge
und so sein Leben länget liederlich,
der führet Leib und Seel' ins Ungelücke.
Nun hüte wohl der Fährte,
daß die Vermessenheit dich nicht verzücke.

Die *siebte* Blume schämet
sich ihrer Tugendziele,
zu welchen sie bequemet,
Erzieherin im schönsten Jugendspiele.
Wer sie verliert, ist hier und dort verlassen.
Nun hüte wohl der Fährte.
Die *Scham* geleitet dich durch alle Gassen.

Die *achte* Blume hüllet
das Herz in Rosenröte,
das die *Vernunft* erfüllet.

Bringt Herzensunvernunft in Nöte,
so pflücke bald und halte fest die holde.
Nun hüte wohl der Fährte.
Sie schmücket baß denn der Saphir im Golde.

Standhaft an ihrer Stätte
die *neunte* Blume blüht.
Sein Ehr' versäumt der Späte,
der sich nicht auf der Fahrt um sie bemüht.
Der fährt die Krümme und der strauchelt leicht
Nun hüte wohl der Fährte.
So wird beständig deine Furt dir seicht.

Die *zehnte* Blume, *Demut*,
sie darf zum Himmel steigen.
Der Hochmut, stets noch ungut,
muß tiefer nur den stolzen Nacken beugen.
Das ward an Luzifer gerecht befunden.
Nun hüte wohl der Fährte,
daß du nicht wirst mit Luzifer gebunden.

Die *elfte* ist *Geduld*,
in ihr sollst du erkraften.
Wer Welt- und Gotteshuld
vertobt im Drang der wirren Leidenschaften,
den weise die Geduld in ihre Schranken.
Nun hüte wohl der Fährte.
Zur Himmelspforte tragen dich Gedanken.

Die *zwölfte* Blume süße,
sie ist die wahre *Minne*.
Wenn ich sie meine, grüße
ich jene, die enttäuscht den Trug der Sinne.
Ihr Name fand sich auch an jenem Strange.
Nun hüte wohl der Fährte.
Sie weiset dich nach aller Engel Sange.
(JT 1874-1877, 1882-1888 H;
1911-1914, 1919-1925 W)

Die Tugendblumen werden, mit dem *Namen* des Gardevias «Nun hüte wohl der Fährte», beim König Artus öffentlich verlesen. Sie verhüllen die sich hinter ihnen verbergenden Begriffswesenheiten. Diese leiten die Gedanken ins Übersinnliche. In jeder einzelnen Strophe ist, jedesmal mit anderen dichterischen Worten, ein Schritt von der Welt der Sinne zur Welt des Geistes vollzogen: Umflort – licht, (3) Welt – Gott, (4) geächtet – wiedergebracht, (5) Kranz – Himmelskrone, (6) Leib – Seele, (7) hier – dort, (8) Nöte – Vernünftigkeit, (9) Flüchtigkeit – Standhaftigkeit, (10) Hölle – Himmel, (11) Leidenschaften – Gedanken, (12) Sinnentrug – Engelsang.

Werden die Tugendblumen an Artus' Tafelrunde verlesen, an der *zwölf* Hauptritter sitzen, so sind sie selbst ein Ausdruck der kosmischen Vernunft. Als Gralskind aber will Sigune sie mit ihrem Ich verbinden, sie als Repräsentantin der menschlichen Vernunft innerlich erarbeiten. Die achte Blume besonders weist auf die innere Natur des Herzensdenkens hin. Alle edlen Charaktereigenschaften werden in Anspruch genommen, um den Menschen dahin zu bringen, daß er in seiner Läuterung reiner Begriffe fähig wird.

Der Herausgeber Werner Wolf teilt mit, daß die beiden ersten Blumen in allen Handschriften des «Jüngeren Titurel» fehlen. – Rudolf Meyer glaubt sie indessen in der den Blumen vorangehenden Strophe als «reine Zucht» und «Keuschheit» zu erkennen. – Es kann auffallen, daß nur *zehn* Blumen, so wie die Kategorien auch, ausdrücklich genannt werden.

Die 10 Kategorien des Aristoteles sind nach Friedrich Hiebel[8] die folgenden. Sie finden sich in dieser Reihenfolge in dem Buche des Aristoteles über die Kategorien. In diesen 10 Begriffen sind nach dem griechischen Denker die obersten Aussageformen über das Seiende enthalten. Der Begriff ist nach Aristoteles eine «Begrenzung der Wesenheit» des Seienden (Ousia), und die Summe der Begriffe, die der Mensch denken kann, beschreibt den Horizontkreis um das Seiende (horizein = begrenzen). Die kosmische Vernunft ist also fast durchwegs – obwohl nicht ganz, denn sonst wären es 12 Kategorien wie die Tierkreisbilder[8a] – in das menschliche Denken hereingefaßt. (Siehe Figur 13.)

Die 12 Tugendblumen wiederum gehören der menschlichen Wesenheit an. Sie heißen der Reihe nach: (Reine Zucht, Keuschheit,) Milde, Treue, Maß in allen Dingen, Sorge, Scham, Vernünftigkeit (das bedeutet nämlich das mittelhochdeutsche Wort *Bescheidenheit*), Standhaftigkeit, Demut, Geduld und Liebe. – Nun hat Friedrich Hiebel der Tafel der Kategorien (Fig. 13) vier Prinzipien (I-IV) angefügt: Sein, Leben, Bewußtsein und Ich. Wenn man die Kategorien auf das Begreifen der menschlichen Wesenheit anwendet, so findet man, daß sie sich in der von Hiebel angegebenen Gliederung auf die vier Wesensglieder des Menschen erstrecken.

Betrachten wir die 12 Tugendblumen daher in bezug auf die vier Prinzipien Sein, Leben, Bewußtsein und Ich, dann finden wir (Siehe Figur 14):

I. Sein	(1) *Ousia*, die Wesenheit	*Substanz* im Sinn von Begriff als «Begrenzung der Wesenheit» (z. B. Mensch–Pferd)
II. Leben	(2) *Poson*, das «Wie groß»	*Quantität* (z. B. zwei oder drei Ellen lang)
	(3) *Poion*, das «Wie beschaffen»	*Qualität* (z. B. weiß, literarisch gebildet)
	(4) *Pros ti*, die Beziehung zu etwas	*Relation* (z. B. doppelt, halb, größer)
III. Bewußtsein	(5) *Pou*, das Wo	*Ort* (z. B. im Lykeion, auf dem Markt
	(6) *Pote*, das Wann	*Zeit* (z. B. gestern, im Vorjahr)
IV. Ich	(7) *Keisthai*, das Liegen	*Lage* (z. B. liegt da, sitzt)
	(8) *Echein*, das Sichverhalten, Zustand	*Haben* (z. B. ist beschuht, ist bewaffnet)
	(9) *Poiein*, das Tun,	*Tun* (z. B. schneidet, brennt)
	(10) *Paschein*, das Leiden	*Leiden* (z. B. ist geschnitten, wird gebrannt)

Fig. 13
(nach Friedrich Hiebel)

(1) (reine Zucht)	I. Sein	Substanz
(2) (Keuschheit)	II. Leben	Quantität
(3) Milde		Qualität
(4) Treue		Relation
(5) Maß	III. Bewußtsein	Ort
(6) Sorge		Zeit
(7) Scham	IV. Ich	Lage
(8) Vernünftigkeit		Haben
(9) Standhaftigkeit		
		Tun
(10) Demut		Leiden
(11) Geduld		
(12) Liebe		

Fig. 14

Es ergeben sich folgende Beziehungen:

(1) *Reine* Zucht ist für das *Sein* des Menschen bedeutend, das er gemeinsam mit der Mineralwelt hat, für den physischen Leib. Wer diese Tugend übt, an dem ist sie, an Kleidung und Betragen, an seinem ganzen Äußeren, für physische Sinne wahrnehmbar. Sie begrenzt seine Erscheinung eindeutig und klar.

(2, 3, 4) Keuschheit, Milde und Treue (in Beziehung zu Quantität, Qualität und Relation) sind die Tugenden des *Lebens* – oder Ätherleibes. Man macht sich durch sie für die Dinge nach der Seite hin empfänglich, daß man diese nicht nur in ihrer Begrenzung erkennt, sondern auch in ihrem Wachsen (Keuschheit, Quantität), ihrem Werden (Milde, Qualität), ihrem Sich-Vermehren (Treue, Relation) nach Art der Pflanze. Chrestien, der den Gral die Speise bescheren läßt, lobt die Milde des Grafen Philipp, die ihm den Gral verbürgt. Da handelt es sich um den Zuwachs an innerer menschlicher *Stärke*.

(5, 6) «Maß» in allen Dingen und «Sorge» (Ort und Zeit) sind Tugenden, die dem *Bewußtsein* eine innere Struktur und Folgerichtigkeit verleihen, wodurch es Geschehnisse eben in Raum und Zeit überschauen und verbinden lernt. Es dringen diese Tugenden bis zur unmittelbaren Anwesenheit des *Ich* in allen Dingen vor (7,

8, 9, 10). Dabei bezieht sich die Scham (Lage) auf das richtige Verhältnis des Ich zum physischen Leib, die Vernünftigkeit (Haben) auf dasselbe zum Ätherleib, sowie die Standhaftigkeit und Demut (Tun und Leiden) auf die richtige Einstellung des Ich im Erleben und Erleiden des Schicksals. Auf solchen Wegen insgesamt wird der Mensch *weise*.

(11, 12) «Geduld» und «Liebe» sind Tugenden, die *über* die gedanklich zu beschreibenden Gebiete hinausführen (an die «Himmelspforte» und «zu der Engel Sange»), weshalb für sie keine aristotelischen Kategorien mehr gegeben sind. Jedoch hat die mittelalterliche Mystik mit diesen beiden Tugendblumen im voraus auf das hingedeutet, was in der Entwicklung des Geistselbstes möglich wird. Eine merkwürdige Symmetrie zu den beiden ersten, halb unausgesprochen gebliebenen Tugenden stellt sich somit in unserer Reihe heraus.

Gelten denn nicht die beiden höchsten Tugendblumen 11 «Geduld» und 12 «Minne» ganz besonders für die beiden Liebenden selbst und ihr Verhältnis zueinander, ganz für sie allein? Sigune ist doch in ihrem ganzen Streben ein Bild der Geduld, so im Lesen des Brackenseiles, wie im Abwarten der Tat Schionatulanders und in seinem Totendienst. Und Schionatulander, dessen «wahre Minne» im Tode offenbar wird, dem sein wahrer Name im Tode aufglänzt, er rückt selbst in die Sphären des Sanges der Engel ein.

Indem nun Sigune ihrer Seele die aristotelischen Begriffe als esoterischen Schatz einprägt, stellt sie dabei ihr Streben ausschließend auf die Stärke ihres Freundes Schionatulander ab. Sie will durch die Schicksalserkenntnis zur Erkenntnis seiner ewigen Entelechie (Individualität) vorstoßen.

57

Dem Erkenntnisstreben Sigunes muß Schionatulander mit seiner Selbsterkenntnis entgegenkommen. Wie macht er dies? Als ein noch unbewußter Gralsangehöriger, wie wir dies auch für Gahmuret beschrieben haben (siehe Kap. 30-34), begibt er sich erst auf den Nachfolgepfad Gahmurets. Er will dessen Grab im Heidenlande befrieden und die eigene *Reinheit* an der Tat offenbaren. Sein

Abschied von Sigune zeigt ihn im Ringen um ein christliches Menschenbild. Er stellte seine Braut unter den Schutz des Engels, der Elisabeth, Christi Muhme, vor Leid behütete. Der Dichter läßt erkennen, daß eine Engel-Führung über dem ganzen Geschehen waltet.

Im *Osten* empfing ihn der Baruch. Schionatulander tötete in offener Feldschlacht den Mörder Gahmurets. Des edlen Toten Grabstätte wurde befriedet: ein christliches Kloster erhob sich darüber. Bei den Menschen des Ostens wird der Held bekannt unter dem *Namen*: Gahmuret der Jüngere.

Herzeloyde aber empfing den Sieger in Soltane nicht, damit ihr Knabe nichts von ritterlichem Wesen kennen lerne. – Wie schade, der Heimkehrende hätte ihm nur ein strahlendes Vorbild sein können! Denn er war der Retter von Gahmurets lichter Aufbaugestalt nach dessen Tode, während sich Parzival noch lange, zu seinem Schaden, mit der dumpfen Abbaugestalt herumschlagen mußte.

Im *Westen* wartet auf Schionatulander ein zweiter *Name*: «Der Herr des Landes». Sehr eigentümlich, denn es ist dies ein Name, unter dem «ihn niemand kennt». Ein Name für seine innerlich erworbene *Stärke*, die ihm da unsichtbar zuwächst. Er gesellt sich als Helfer Herzeloydes und Parzivals zu den Verteidigern ihres Landes, das von Orilus und seinem Bruder Lähelin mit Waffengewalt bezwungen werden soll. Im stillen Innern wird ihm auf dem Feldzug ein eigentümliches Erlebnis zuteil. Im Walde von zwei riesenhaften Gestalten überfallen und bedroht, überwindet er sie durch seine innere Stärke. Da geben sich die Riesen «als zwei heidnische Prinzen zu erkennen, Philippus und Alexander ... Ihr Land liege ostwärts bei dem Paradiese, und sie seien von Greifen, wie einst der weise Alexander, König Philipps von Macedonien Sohn, durch die Luft hierher geführt worden. Auch Greciane und Kappadociane ... (die Heimat Titurels!) gehörten ihnen, da wo das Firmament sich um seine Achse dreht von Osten nach Westen, woselbst auch Alexander einst Krieg führte und die Tiefen des Meeres erforschte. Dort wollte er auch ... erkunden, was in der Luft sei: er sah den Vogel, Galadrat, der in der Luft seine Jungen brütet, den Phönix, den Pelikan, den Salamander im Feuer, die Greifen ... Alexander und Philipp bekannten sich nach ritterlichem Recht bezwungen, aber Schionatulander gab sie ledig.»

(Nach Piper, siehe Anm. 3.)

Es stiegen in Schionatulanders Geiste, unabhängig von Sigunes Gedankenpfaden und doch diese ergänzend, Erinnerungsschatten an die aristotelische Naturwissenschaft empor. Sie gehören seiner eigenen Individualität an, die sich auf dem Wege vom Heidentum zum Christentum befindet. Sein Ringen an Sigunes Seite beschert ihm solche Geisteserfolge.

Und jetzt ist es an der Zeit, daß in Sigune der Wille erwacht, mit ihrem Bräutigam ihre Verwandten auf der Gralsburg zu besuchen, um mit ihm ihre Wahl-Gralsverwandtschaft zu begründen. Seine bisher in Tugenden geübte Gralszugehörigkeit soll ihm gerecht aufgehen. Es handelt sich um den neuen Gralsweg, der nach 1250 noch allein gangbar sein wird. Diese Stufe, vor der er steht, stellt sich ihm in einem Bilde hin, das ihn über Parzival hinausschreitend zeigt. Ein Wanderer fand soeben das Gold – Ring und Spange – im Walde, das Parzival der Freundin des Orilus raubte – geraubtes Gut –, und bringt es, um es zu befrieden, «für den unbekannten Herrn des Landes» dem Erkenntnisfeinde Orilus, der es zu sich steckt. Ohne daß sie sich erkennen, gewissermaßen füreinander blind, treffen sich Orilus und Schionatulander im Kampfe. In der Ermangelung des Goldes, das in seiner Hand das Gold der Selbsterkenntnis (saelde) geworden wäre, und also in diesem Sinn schutzlos, erleidet Schionatulander den Todesstoß. Aber noch im Tode wird der Gralsucher seines *Ewigen Namens* inne. Der Tod des Helden ist selbst der Schlußakt eines Einweihungsdramas. Sterbend belehrt er Sigune über die Unsterblichkeit der Seele und richtet sie in ihrem Selbstbewußtsein auf. Er äußert seine Überzeugung (*geloube*), daß der von ihm mit Namen angerufene Jesus seine Seele mit sich selber speisen werde (*JT 5088 W*).

Hierauf noch stellt der Sterbende mit weihevollen Worten seine Geliebte unter den Schutz Marias. Von Anfang an war es der Engel Elisabeths gewesen, jetzt ist es Maria, und somit sind es die heiligen Mütter, die der Geburt des höheren Menschen vorstehen. Doch wird später Parzival vom weisen Feirefis über den Vorrang Marias vor Elisabeth belehrt werden.

Des sterbenden Schionatulander Worte zu Sigune (vom Verfasser in verbesserter Fassung übertragen) sind die folgenden:

Die hohe, edle, freie
gedenk' ich dir zu senden,

Ave! die Magd Mareie.
Sie wird des Kindes Unmut von mir wenden,

die hochgesegnet ist vor allem Weibe.
Sein Leben ging zu Ende,
die Seele fand da länger keine Bleibe.
(JT 5054 H, 5091 W)

Es berührt mit einem ehrfürchtigen Schauer, wenn man sieht, wie zuerst der Gralsucher Schionatulander ein Motiv aufwirft, wie dasjenige von dem Engel, der Elisabeth, Christi Muhme, vor Leid behütete, welcher sich schließlich als das Kind im Schoße der Maria offenbart. Denn durch dessen Einwirkung bewegte sich ja bei der Heimsuchung die Leibesfrucht im Schoß der Elisabeth. Und wenn dann in epischer Fortführung desselben Motives zwei Gralseingeweihte, von denen der eine echt *naiv*, der andere höchst *weise* charakterisiert werden, Parzival und sein Halbbruder Feirefis, sich bemühen, den Unterschied der beiden Mütter im Hinblick auf ihre Rolle im Weltenwerden klarzustellen.

Die Strophe *6099 W* wird von Feirefis gesprochen; in der Strophe *6100 W* werdem die ersten vier Zeilen von Parzival und die folgenden drei von Feirefis gesprochen.

Johannes hieß der Reine,
durch den sich Christ ließ taufen,
des Heiligkeit alleine
ihn vor den andern Heiligen läßt laufen,

so daß nie eine Frau den Mann gebäre,
der Sankt Johann Baptiste
an Heiligkeit und Würd' ein gleicher wäre.

Was sprichst du, Bruder hehre,
was ich doch kaum bejahe?
sprach Parzival, viel mehre
Gottes Geburt von einer Frau geschahe.

Der Weise drauf: Gar wohl ich dich bescheide:
Johannes stammt vom Weib
und Jesus Christ von einer reinen Maide.
(JT 6035/6036 H, 6099/6100 W)

Wurden nicht die Seelen der beiden Kinder von den Sonnenmysterien aus, der mit Recht so genannten «Mutterloge der Menschheit» zu ihren Müttern gesandt? Wobei zwar die erste durch den Sündenfall gegangen, aber die zweite, Jesus, gleichsam ein reines Engelwesen war? – Ist es so, daß hier im Schoß der Gralsmysterien sich die spätere Geburt des «Wesens Anthroposophie» vorbereitet?[8b]

58

Schionatulanders Schwellenübergang befähigt Sigune zur Einrichtung eines neuen Totendienstes. Ihre Klage ist keine gewöhnliche. Sie pflegt Verbindung mit dem Toten in Gedanken, die aus aristotelischer Naturwissenschaft stammen, denn der Tote verweilt in einer Region, in der die Gruppenseelen der Tiere (die universalia ante res des Thomas von Aquino) auch anwesend sind. «Sie wünschte, sich mit dem Geliebten verbrennen zu können, wie es der Phönix tut, oder ihm mit ihrem Blute das Leben wiedergeben wie der Pelikan, oder ihn durch ihre Stimme erwecken wie die Nachtigall, welche die Jungen mit ihrem Sange aus den Eiern lockt, oder der Löwe, der mit seinem Gebrüll die toten Jungen erweckt. Auch wünschte sie, wie der Vogel Galadrat, mit ihrem Blicke den Toten genesen lassen zu können, oder, wie der Strauß seine Jungen, möchte sie sein Leben behütet haben.»

(Nach Piper.)

Der Gral kommt ihrem Wollen zu Hilfe. Über ihr wölbt sich eine Gralskapelle, welche die Freunde für sie errichtet haben: «Für Sigune wurde durch Kundries Vermittlung zu Monsalvatsch über einem Brunnen die Klause Fontsalvatsch gebaut. Am Samstag brachte ihr Kundrie, was zu ihrem Unterhalt nötig ist, vom Grale (die Gralsspeise). Die Klause wurde köstlich ausgemalt, die heiligen drei Könige von Arabia, Saba und Tharsis, Caspar, Balthasar und Melchior wurden darin dargestellt, sodann das Leiden des Herrn unter der Dornenkrone und am Kreuze. Der Fürst wurde in einen kostbaren Sarg gelegt.
Sie selbst trug statt allen Schmuckes nur einen Goldring mit einem Rubin in der Hand als Zeichen der Treue. Eine Deutung des Frauenanzuges auf die Tugenden wird vom Dichter hinzugefügt.

(Nach Piper, S. 525 f.)

Der Goldring mit dem Rubin und das Tugendkleid besagen, daß sie sich die Tugenden des neuen Weges («Hüte der Fährte») angezogen hat und sie mit dem Gold der Selbsterkenntnis trägt.

Man darf bei den Wandgemälden an die entsprechenden denken, welche Goethe in den Wanderjahren in den Hallen der Pädagogischen Provinz, namentlich in der letzten, dem Wilhelm Meister noch verschlossenen Halle schildert, wo der Abschnitt des Lebens Jesu vom Abendmahl bis zur Auferstehung gemalt ist, wovon Rudolf Steiner am 3. November 1918 sagt,[9] daß diese Schilderung bei Goethe Gralsstimmung atmet. Tief wirkten diese Dinge weiter, weshalb Rudolf Steiner im genannten Vortrag, zugleich feststellend *und* mahnend, darauf hinweist, « ... wie der Christus-Impuls des Russizismus sich im Gralstum fortsetzt und ... in alle guten strebsamen Menschen des Westens einstrahlt ...» Und er weist auf Denker des Ostens wie *Solovjeff*, die das in der Sinnenwelt wirksame Religiöse in die spirituellen Höhen, in echter Gralsstimmung, hinaufheben zu Gedankengebäuden.

Und so sagt die Sage auch, daß nach Sigunes Tod und ihrer Bestattung an der Seite Schionatulanders zwei Reben aus den Mündern der Toten wuchsen und sich zu einem immer grünenden Stamme vereinigten. Ein Bild für die unlösbare Vereinigung der Artusströmung und Gralsströmung durch ihre ewigen Individualitäten. Es mag manchen Wissenden in den folgenden Jahrhunderten zum tiefen Trost gereicht haben, daß, wenn auch die Führungsmacht des Grales selbst den Menschen wieder entzogen wurde, doch die Grabstätte der beiden Geistesarbeiter in unserer Erde erhalten blieb – bis zu ihrer Wiederkehr.

59

Titurel überlebt dies alles. Er selbst bringt noch, von Parzival begleitet, den Gral nach Indien, als die Menschen des Abendlandes ihn nicht mehr verdienen. Parzival wirkt exoterisch, zeitbeschränkt, auf zehn Jahre, Titurel esoterisch und auf Dauer. Parzival gab auf der Reise Bürgern einer Stadt, wo Not herrschte, ein Bild des Gralstempels, und danach bauten diese ein ähnliches Gebäude und die Stadt heißt fortan *Grals*, sie ist also «des Grales». Bis in den Kirchen- und Städtebau Europas hinein wirkten die Gralsimpulse. Die Sage bringt diese Seite des Wirkens besonders mit dem Sohne Parzivals, Loherangerin, in Zusammenhang: Elsa von Brabant ist eine Repräsentantin des «Stadtbewußtseins».[10]

Titurel aber folgt der Spur des sagenhaften Priesters Johannes, der dort, woher die Sonne kommt, im Osten, ein starkes christliches Reich regiert, und übersiedelt den Gral dahin. Im Zeichen des Aufganges der Sonne im Wassermann (Täufer Johannes) steht ein Zukunftsreich des johanneischen Christentums bevor. Auf einem wundervollen Berge in Asien entspringt eine Quelle, deren heilsame und verjüngende Lebenswelle sich an Heiligkeit mit dem Grale messen darf. Nun aber *fragt* der aus seiner umgebenden Dienerschaft hervortretende Priester Johannes den Ankömmling Titurel nach dem *Wesen des Grals*, und es erweist sich dieses als das dennoch Höhere, worauf Johannes seine Würde den Gralskönigen abtritt.

Titurel berichtet unter anderem:

Engel den Gral der Erde
vor alten Zeiten brachten,
den Stein von höchstem Werte,
daraus sie einer Schale Werk erdachten.

Jaspis von den Höhen man sie nennet,
von dem der Phönix lebet,
nachdem zur Asche er sich selbst verbrennet.

(JT 6172 H, 6242 W)

Die Schale diente dem Jesus Christus zum Abendmahl und auch zur Fußwaschung.

Joseph von Aromate
behielt die Schale inne

und minnte früh und spate
den Auferstandenen im wahren Sinne,
ein wahrer Hirt des Grals, von Scheu durchdrungen,
bis ihn der Engel brachte
zu mir, mit Laut begabt aus Engelszungen.

(JT 6176 H, 6246 W)

Jetzt habe er, Titurel, ein halbes Jahrtausend des Grales gehütet und sehne sich nach Ruhe und Wiedervereinigung mit seinem Schöpfer. Er verbinde die Zuversicht auf den seinem eigenen Leibe eingesenkten Sonnenkeim (dank der Pflege des Grales) mit der Bewunderung der geistigen Schöpferwelt, die sich ihm in aller Natur, in den Blumen und Vögeln, sowie im Saitenklange kundgebe.

Darum bin ich begehrend,
daß sich mein Leben ende.
Nun seid es mir gewährend,
daß niemand mir den Gral vor Augen sende.

Dann fahre ich am neunten Tag zur Raste.
Die Seele war zu lange
bei trüben Erdenmenschen schon zu Gaste.

(JT 6184 H, 6254 W)

Dem Kontemplativen erscheint der Gral als unverrückbarer Hort des Himmelsmenschen. Das Wesen des Grals offenbart sich ihm als unversehrbarer Leib im Schwellenübergang.

60

Der Dichter, dessen Porträt man nach siebenhundert Jahren immer wieder nachzuzeichnen versuchen wird, tritt am Schluß hervor und spricht zu seinen Zuhörern:

Nun prüfet, all' ihr Werten,
die Würde dieser Dichtung:
Von deutscher Zung' auf Erden
entsprang kein Buch von ähnlich hoher Richtung,
das Leib' und Seel' zu höherm Ziele wiese.

Die's lesen oder schrieben,
empfangen Seligkeit im Paradiese.

(*JT 6207 H, 6283 W*)

Die deutsche Sprache bildete im Mittelalter vom Substantiv Gral das Verbum gralen. Der Dichter Frauenlob singt: «*Dîn verch in tugenden grâlet*»[12]: Dein Sitz des Lebens, dein Leib leuchtet vor Tugenden im Grallichte. Der Sonnenkeim im physischen Leib, er erglimmt bei Menschen, die dem Bewußtsein ihrer Zeit vorauseilen. Diese gewaltige Geste des Sprachgeistes erkennend und das Tätigkeitswort «gralen» in den gegenwärtigen Sprachschatz heraufhebend, dürfen wir versuchen zu sagen:

Möge es unter uns *gralen*.

Nachwort des Verfassers

Einen andern Grund kann niemand legen außer dem,
der gelegt ist, welcher ist Jesus Christ.
1. Korinther, 3,11.

Es möge dem Verfasser gestattet sein, in der Funktion, die ein Nachwort haben kann, acht Absätze aus dem ehemaligen Vorwort hierherzusetzen, mit welchem im Jahre 1959 das erste Erscheinen der vorliegenden Arbeit eingeleitet wurde. Denn die Stimmung, welche diese Absätze wiedergeben, erscheint doch nicht nur an die damalige Zeit gebunden. Im Versetzen in jene Stimmung konnte und kann etwas wie ein richtunggebendes Ziel aufleuchten, von dem man zwar wissen kann, daß ein kleiner Beitrag weit hinter ihm zurückbleibt, welches aber so geartet ist, daß es auch den allerkleinsten Beitrag mit einem Trost versieht, mit welchem einst Rudolf Steiner einen Vortrag in der Heimatstadt des Verfassers abschloß und welcher in der nachgeschriebenen Notiz so lautet: «Dasjenige, was der einzelne für sich erarbeitet, erarbeitet er für die ganze Menschheit.»[13]

Die fünfzigste Wiederkehr des Erscheinungsjahres von Rudolf Steiners Werk «Die Geheimwissenschaft im Umriß» (1959), das eine neue Gralsbotschaft ist, konnte den Entschluß des Verfassers reifen lassen, mit einem Beitrag hervorzutreten, der kurz berichtet, was ihm die Beschäftigung mit Wolfram von Eschenbach, dem eingeweihten Dichter aus dem 13. Jahrhundert, geworden ist. Es dürfte in der Gegenwart einigem Interesse begegnen, wenn Männer am Werke sind, welche diejenige Gralkunde aus ihrer Vergessenheit empor heben, die sozusagen an der Schwelle des neuen Zeitalters an ihrem Platz stehen geblieben war. Die Teilnahme kann der Arbeit sogar dann gewährt werden, wenn die beiden zeitlich und der Form nach so verschiedenen Verkündigungen nichts anderes gemeinsam hätten als nur das *eine*: Daß, wenn die Not am höchsten gestiegen ist, es an der Zeit ist, vom Grale zu reden.

Von einer für die Zukunft der Menschheit besorgten Seite ist es in diesen Jahren gesagt worden: Daß über das ganze Erdenrund hin die Menschheit in einer dreifach gearteten Koexistenz ohne Christus lebe, nämlich in der Koexistenz in der Furcht, in der Täuschung und in der Unwahrheit. Es ist klar, daß das so sein muß, wenn man in die Welt der Ursachen schaut. Auch die Ursachen davon sind dreierlei. Wo liegen sie, in welcher Richtung?

Erstens darin, daß die Menschen, aus dem Intellektualismus aller Lebensverrichtungen heraus, nicht mehr *fragen* können. Abgeschnitten wird der Menschheit ein Wesentliches, das sich bei einer naturgemäßen Entwicklung des Denkens als dessen *Frucht* ergibt, das Fragen-Können. An Stelle davon setzt sich die *Furcht*, weil die wichtigsten Fragen, welche die Menschheit als ganze angehen, ungelöst sind.

Zweitens darin, daß die Menschen, jeder in sich, nicht mehr den Quell ihrer *Individualität* finden, woraus Selbstmordwellen, sowohl an sich selbst, als auch – von einem übergeordneten Gesichtspunkt aus betrachtet – gleichermaßen am Nächsten wie an sich selbst verübt, im Menschheitskörper entspringen. Es ist die *Täuschung*, daß man sich selber auslöschen könnte.

Drittens darin, daß die Menschen das *Wort* verachten, mittels dessen die *Wahrheit* im Sozialen wirken sollte, indem das Wort, sowohl im Verkehr der Einzelnen als auch ganzer Körperschaften und Völker, nur zur Nützlichkeit und Opportunität und mithin zum Träger der Unwahrheit voreinander, mißbraucht wird.

Nach dieser dreifachen Richtung hin ergibt sich das Gesamtbild einer Krankheit, die Diagnose des siechen Anfortas, der seines Retters, Parzivals, harren würde. – Wird nämlich aus dem rechten Fragen-Können und aus der rechten Ruhe und Geistessicherheit das rechte Wort gefunden, dann *ist* jedesmal, und seien nur zwei beisammen, der Geistesmensch da: *strömen* durch das Wort Kräfte, kommunizierend von Mensch zum Menschen. Das höchste vorläufig zu erlangende Heilwirken wird heute dem *Aussprechen* der Geistesbotschaft verdankt. So konnte sich der Verfasser entschließen, einige Früchte vom Erkenntnisbaum zu pflücken in der Hoffnung, daß man sie als solche anerkennen könne.

Dem Leser wurde seine Aufgabe nicht immer leicht gemacht. Unter anderem konnte nicht darauf verzichtet werden, die *alte*

Sprache mit in die Betrachtung herein zu beziehen. Man liebt ja auch auf dem Gebiet der bildenden Kunst heute wieder neu, was die Menschen des Mittelalters hervorgebracht haben. Die mittelhochdeutsche Sprache hat es erdulden müssen, daß der Intellektualismus ihren edlen Geist verschandelt und verspöttelt hat. Vielleicht wird sie aus dem geistigen Einschlag unserer Zeit heraus noch einmal rehabilitiert werden.

Anhang

Einige Eigennamen
in gelehrter Deutung

(S.-M. = San-Marte. B. = K. Bartsch)

Anflise	S.-M. = afflise, die Betrübte.
Anfortas	E. Martin = enfermas, der Kranke.
Cundrie	conrée, die Geschmückte.
Ehkunat	B. = german. Eginwer.
Feirefis	S.-M. = Feenkind.
Frimutel	B. = german. Frimunt.
Gahmuret	S.-M. = welsch camgredwr, Katzer, gallisiert zu game (gemma), amorous (amoureux): Liebeskleinod.
Gurnemanz	S.-M. = gorhardd, hochgetürmt; B. = german. Warinman. War ist der Mensch, bevor er Individualität wird.
Herzeloyde	B. = german. Harchehildis; S.-M. = erch, schrecklich, blued, Kampf, Schreckenskampf.
Ilinot	der Sohn des Artus und der Ginover (Gwenhwyvar, die Herrin des weiten Gebietes), der Geliebte der Florie.
Kardeis	Sohn Parzivals. S.-M. = carus deus, Gottlieb. B. = cordeis, der Beherzte.
Kiot von Katelangen	Guiot von Katalonien.
Kondwiramur	Gattin Parzivals. S.-M. = conduire amour. B. = coin de voir amors, Ideal der wahren Liebe.
Loherangerin	Sohn Parzivals. S.-M. = von Lloer, der Mond; B. = german. Hlodergrim, Hlodgrim.
Parzival	Görres und S.-M. = arabisch Parseh fal, der reine oder arme Dumme;

Meyer-Markau = keltisch par, Bursche, syw, ausgerüstet, fal, dürftig, schlecht, der dürftig ausgerüstete Bursche;
W. Hertz = französisch Perceval, dring durchs Tal.

Repanse de Schoye B. = Inbegriff der Freude.

Schionatulander S.-M. = joiant (joyeux), freudenreich;
B. = li joenet de la lande, der Jüngling von der Aue, erinnert an den Namen Schionatulanders «der Herr des Landes» (Kap. 57); oder li joenet u l'alant, der Jüngling mit dem Hunde.

Schoysiane die Mutter Sigunes: gauziana, die Freudespendende.

Sigune S.-M. = cygne, Schwan;
B. = german. Sigwina erinnert an Sigyn, die Gattin Lokis, des Geistes der Intellektualität; vielleicht eine der Intelligenz ergebene Seele.

Tampenteire Oheim Sigunes: B. = tamp en teire, hüll in Schweigen.

Titurel S.-M. = tuterel, Pfleger.

Trevrizent treve rezems, der den Frieden wiedererlangt.

(Nach Kürschners Deutscher Nationalliteratur: Wolfram v. Eschenbach I. Teil, Einleitung von Prof. Dr. Paul Piper.)

Anmerkungen

Vorwort

1 Heinrich Teutschmann, Trevrizent – Weisheit und Liebe des Grals. 3. Aufl. Dornach 1976.

2 Heinrich Teutschmann, Siebenhundert Jahre Gralsdichtung, 2. Aufl. Dornach 1976.

3 Albrecht von Scharfenberg, Sigune und Schionatulander – ein Minnegespräch. Aus dem Mhd. übertragen von Heinrich Teutschmann. Dornach 1972.

4 Robert de Boron, Die Geschichte des heiligen Gral. Aus dem Altfz. von Konrad Sandkühler, 3. Aufl. Stuttgart 1979.

5 Chrestien de Troyes, Perceval oder die Geschichte vom Gral. Aus dem Altfz. von Konrad Sandkühler. 1. Aufl. Stuttgart – Den Haag – London 1929; 6. Aufl. Stuttgart 1980.

6 Wolfram von Eschenbach, Parzival und Titurel. Versübertragung von Karl Simrock, Leipzig o. J.

7 Wolfram von Eschenbach, Parzival. In Prosa übertragen von Wilhelm Stapel. München 1980.

8 Albrechts von Scharfenberg Jüngerer Titurel. Kritische Ausgabe von Werner Wolf. Berlin 1955 ff. Ferner: Albrecht von Scharfenberg, Der Jüngere Titurel. Auswahlausgabe von Werner Wolf, in: «Altdeutsche Übungstexte» Bd. 14, Bern 1952.

9 Rudolf Steiner, Perspektiven der Menschheitsentwickelung. Vortrag vom 17.4.1921. GA 204, Dornach 1979.

10 Sergej O. Prokofieff, Rudolf Steiner und die Grundlegung der neuen Mysterien. Stuttgart 1982.

Einführung

1 Albert Steffen, Die Mission der Poesie. Dornach 1962. S. 369.
1a Rudolf Steiner, Anthroposophische Leitsätze. GA 26, 8. Aufl. Dornach 1982. S. 211.
2 Rudolf Steiner, Die Geheimwissenschaft im Umriß. Kapitel: Gegenwart und Zukunft der Welt- und Menschheits-Entwickelung. GA 13, 29. Aufl. Dornach 1977. S. 406f.
3 Albert Steffen, Dichtung als Weg zur Einweihung. Dornach 1960.
4 Robert de Boron, Die Geschichte des heiligen Gral. Siehe Vorwort, Anm. 4. S. 78.
5 Bodo Mergell, Der Gral in Wolframs Parzival. Halle 1952. S. 118. Siehe Trevrizent Anm. 6.
6 Rudolf Steiner, Christus und die geistige Welt. Von der Suche nach dem heiligen Gral. GA 149, 5. Aufl. Vgl. die Stelle im Vortrag vom 2. Januar 1914 (GA 149, 5. Aufl. Dornach 1977): «Ich habe davon gesprochen, daß die Schrift am Himmel wirklich zu finden ist, welche nicht etwa der Gral selbst ist, welche auch nicht den Gral selbst gibt. Ich habe ausdrücklich betont – und solche Betonungen bitte ich durchaus ernst zu nehmen –, der *Name des Gral* wird durch die Schrift am Himmel gefunden, nicht der Gral selber. Ich habe darauf hingewiesen, daß sich ergibt in der goldglänzenden Mondessichel, die am Himmel steht und aus der sich heraushebt, wie jeder durch genaue Beobachtung sehen kann, der dunkle Teil des übrigen Mondes, von dem die goldglänzende Sichel wie abgegrenzt ist –, daß sich da in okkulter Schrift der Name Parzival ergibt.» – Der «Name» des Grals ist immer so zu verstehen, daß er eine individuelle Berufung zum Gralsschüler mit einschließt.
7 Goethe, Faust I, Marthens Garten.
7a Siehe Anm. 5.
8 Rudolf Meyer, Der Gral und seine Hüter, Stuttgart 1958. Die dritte Auflage hat den Titel: Zum Raum wird hier die Zeit. Die Gralsgeschichte. Stuttgart 1980.
9 Dieser Vortrag vom 15.2.1909 ist zu finden in: Geisteswissenschaftliche Menschenkunde. GA 107, 4. Aufl. Dornach 1979.
10 Rudolf Steiner, Bausteine zu einer Erkenntnis des Mysteriums von Golgatha. Vortrag vom 10.4.1917. GA 175, 2. Aufl. Dornach 1982.
11 Siehe Anm. 9.
11a Sein Lehrer in der Ritterzucht schärft dem jungen Parzival ein (P III 171, 17-24):

> Ihr sollt so viel nicht fragen;
> Doch dürft Ihr nicht versagen
> Bedachte Antwort, die gemessen
> Ziemet auf die Frage dessen,
> Der Euch mit Worten will erspähn.
> Ihr möget hören, möget sehn,
> Erwittern, kosten, merken:
> Das wird den Sinn Euch stärken.

Auf diesen schlechten Rat, daß sich der Ritter auf seine fünf Sinne beschränken soll, spielt Trevrizent an, wenn er zu Parzival sagt (IX 488, 21-30):

Der Wirt sprach: «Neffe, was sagst du?
Wir müssen alle beide zu
Herzlicher Trauer greifen,
die Freude lassen schweifen,
Da dich Einfalt so ums Heil betrog.
Gab dir Gott fünf Sinne doch:
Die haben übel dich beraten.
Sprich, welchen Beistand sie dir taten
In der entscheidenden Stunde
Dort bei Anfortasens Wunde?»

12 Rudolf Steiner, Die geistige Führung des Menschen und der Menschheit, 2. Vortrag. GA 15, 9. Aufl. Dornach 1974. S. 57.

13 Den Gralsmotiven liegt die Idee zu Grunde, den Menschen weiterzubringen in der Weltentwicklung, indem er seinen ihm von den Fortschrittsmächten eingepflanzten Weg über die Empfindungsseele, Verstandesseele und Bewußtseinsseele zum Geistselbst hin nimmt. Rudolf Steiner bringt diese Idee im 4. Vortrag vom 6. Februar 1913 des Zyklus «Die Mysterien des Morgenlandes und des Christentums» (GA 144. 3. Aufl. Dornach 1960.) zum Ausdruck, indem er auf die verschiedenen Seelenglieder hinweist, zu welchen die Artussage, die Gralssage und die Parzivalsage sprechen. Wesentlich bei der Artussage ist, daß die Vorgänge «in äußeren Bildern dargestellt» sind, die zur Empfindungsseele sprechen. Bei der Gralssage ist essentiell das «Verständnis Gewinnen», «Verständnis Haben», die «Durchdringung dieser Verstandes- oder Gemütsseele mit neuer Weisheit». Die Parzivalsage aber löst Kräfte des Strebens, Kraft zur Selbsterkenntnis in der Bewußtseinsseele aus. Auf diese Weise wurden in der Morgenröte des fünften nachatlantischen Zeitraums die Erlebnisse des dritten (in der Empfindungsseele) und des vierten Zeitraumes (in der Verstandesseele) auf höherer Stufe wiederholt.

14 Das Leben der heiligen Elisabeth. Nach den alten Quellen nacherzählt von Lulu von Strauss und Torney. Jena 1926. S. 78f.

15 Ernst Uehli, Die drei großen Staufer. 2. Aufl. Dornach 1979. S. 170.

16 Siehe Anm. 14, S. 45.

17 Daten nach Lars-Ivar Ringbom, Gralstempel und Paradies. Stockholm 1961.

18 Die drei Selbstzeugnisse des Dichters finden sich in «Die Geschichte des heiligen Gral», S. 27, S. 61 und S. 78. Siehe Vorwort, Anm. 4.

19 Rudolf Steiner, Die Grundimpulse des weltgeschichtlichen Werdens. Vortrag vom 1. Oktober 1922. GA 216. Dornach 1965.

20 Rudolf Steiner, Bilder okkulter Siegel und Säulen. Vortrag vom 16.9.1907 in Stuttgart. GA 284, 2. Aufl. Dornach 1977.

1 Robert de Boron, Die Geschichte des heiligen Gral. S. 56. Siehe Vorwort Anm. 4.

2 Siehe Anm. 1, S. 9.

3 Siehe Anm. 1, S. 9, 10.

4 Siehe Anm. 1, S. 15.

5 Siehe Anm. 1, S. 16.

6 Maria von Nagy, Die Wandbilder der Scrovegni-Kapelle zu Padua. Giottos Verhältnis zu seinen Quellen. Bern 1962.

7 Siehe Anm. 1, S. 16.

8 Siehe Anm. 1, S. 19.

9 Rudolf Steiner, Perspektiven der Menschheitsentwickelung. Vortrag vom 17.4.1921. GA 204. 3. Aufl. Dornach 1979.

10 Siehe: Die apokryphen Schriften zum Neuen Testament. Übersetzt und erläutert von Wilhelm Michaelis. Bremen 1956.

11 Albert Steffen, Steig auf den Parnaß und schaue. S. 18: Aus dem Glanze in den Augen. Dornach 1960.

12 Siehe Anm. 1, S. 25/26.

13 W.J. Schröder, Der Ritter zwischen Gott und Welt. Idee und Problem des Parzivalromanes Wolframs von Eschenbach. Weimar 1952.

14 Samuel Singer, Wolfram und der Gral. Neue Parzivalstudien. Bern 1939. Wie aus der Kirche heraus die Gralsfrage schon sehr früh zur Kenntnis genommen wurde, zeigt Rudolf Steiner im Vortrag vom 1. Oktober 1922 der Reihe «Die Grundimpulse des weltgeschichtlichen Werdens der Menschheit», GA 216, am Beispiel des Papstes Nikolaus I. (858–867). Dieser sieht bei der Frage, welche Form das religiöse Leben in Europa annehmen soll, «drei Fragezeichen» vor sich stehen: Im Westen eine Gralsbewegung, die sich zuschreibt, «der Hort des Fortwirkens jenes Impulses» zu sein, «der von dem Mysterium von Golgatha ausgegangen war». Im Osten einen tief inbrünstigen Kultus, Mysterienstimmung ohne Erkenntnis bewahrend. Beides muß er als für die Entwicklungsbedingungen des mittleren Europa nicht geeignet ablehnen. – Hier wird gewissermaßen die negative Gralsfrage gestellt, im Gegensatz zur positiven Parzivalfrage. Auch die negativ gehaltene Frage ist durch das Dasein des Grales veranlaßt. Sie setzt ein Wissen um den Gral voraus und führt dieses in die Region des Zweifels an dessen Wert für die Menschheit hinein. Diese Frage entsteht zwar aus der Verstandes- oder Gemütsseele, vermeidet aber den Schritt zur Verinnerlichung. Man muß fühlen, wie der auf diese Weise sich erhebende Gegner des Grals selbst grundsätzlich nicht außerhalb der Gralswirkungen steht, denn er bezieht ja den Gral in sein Bewußtsein ein. Auch kann er die Anwesenheit des Grals in der Sphäre der Realität – sie bleibt nur sehr vielen Menschen unbewußt – nicht leugnen. Umso schwerwiegender werden die Folgen seiner Stellungnahme sein.

15 Siehe Anm. 1, S. 24.

16 Siehe Anm. 1, S. 48/49.

17 Siehe Anm. 1, S. 56/57.

18 Albert Steffen, Gegenwartsaufgaben der Menschheit, Dornach 1966.
19 Siehe Anm. 1, S. 58/59.
20 Siehe Anm. 1, S. 59/60.
21 Rudolf Steiner, Die Philosophie des Thomas von Aquino. Vortrag vom 23.5.1920. GA 74, 3. Aufl. Dornach 1967.
22 Rudolf Steiner, Das Ereignis der Christus-Erscheinung in der ätherischen Welt. Vortrag vom 6.3.1910. GA 118, 2. Aufl. Dornach 1977.
23 Rudolf Steiner, Die spirituellen Hintergründe der äußeren Welt. Der Sturz der Geister der Finsternis. Vortrag vom 7.10.1917. GA 177, 3. Aufl. Dornach 1977.
24 Albert Steffen, Dreiunddreißig Jahre. Dornach 1959. S. 93f.
25 Siehe Anm. 1, S. 59/60.
25a Siehe Anm. 1, Nachwort, S. 95,96.
25b Rudolf Steiner, Christus und die geistige Welt. Von der Suche nach dem heiligen Gral. 4. Vortrag vom 31. Dezember 1913. GA 149, 5. Aufl. Dornach 1979.
25c Die Eingeweihten des Grals haben das Leben des Menschen vor der Geburt und nach dem Tode notwendigerweise in die Anschauungen vom Gral einbezogen, weil sie erkannten, daß der europäische Mensch mit den Aufgaben, die durch den Gral gestellt werden, bloß in einem Leben bis zum Tode nicht zurecht kommen kann. Das sagt Rudolf Steiner in dem öfters angeführten Vortrag vom 17. April 1921, welcher zusammen mit demjenigen vom voraufgehenden 16. April besonders eindringlich die sozialen Auswirkungen der Gralsbotschaft und die mit ihr auch verbundene geschichtliche Tragik zu schildern unternimmt (Perspektiven der Menschheitsentwickelung, GA 204). Rudolf Steiner bespricht jenen Punkt folgendermaßen: «Dann sagten diese Weisen ...: Oh, diese Menschen Europas, sie kommen nicht zu dem Heiligen Gral, denn der Weg, den sie gehen sollen, um zum Heiligen Gral zu kommen, der ist so weit, wie der Weg von der Geburt bis zum Tode, und erst wenn die Menschen am Tode ankommen, indem sie den für Europa unwegsamen Weg durchgemacht haben, der da sich erstreckt von der Geburt bis zum Tode, erst dann kommen sie bei der Gralsburg auf dem Montsalvatsch an. – Das war im Grunde genommen das esoterische Geheimnis, das dem Schüler mitgeteilt wurde.» – Die weitere Ausführung folgt in den Kapiteln 22 bis 24 dieser Schrift.
26 Siehe Anm. 1, S. 57/58.
27 Siehe Anm. 1, S. 64.

Perceval

1 Chrestien de Troyes, Perceval oder die Geschichte vom Gral. Aus dem Altfrz. von Konrad Sandkühler. 6. Aufl. S. 7. Stuttgart 1980.
2 Siehe Anm. 1, S. 11.
3 Siehe Anm. 1, S. 12.
4 J. W. Goethe, Aphorismen und Fragmente. Artemis-Ausgabe, Bd. 17. 2. Aufl. S. 723. Zürich 1966. Zum ‹Phänomenalismus› siehe: Rudolf Steiner,

Der menschliche und der kosmische Gedanke. GA 151. 5. Aufl. Dornach 1980.

5 Siehe Anm. 1, S. 21.
6 Siehe Anm. 1, S. 23.
7 Siehe Anm. 1, S. 28. Hier zitiert nach der älteren Ausgabe 1929, S. 40.
8 Siehe Anm. 1, S. 63.
9 Siehe Anm. 1, S. 24.
10 Siehe Anm. 1, S. 25.
11 Siehe Anm. 1, S. 34.
12 Siehe Anm. 1, S. 40.
13 Siehe Anm. 1, S. 65.
14 Siehe Anm. 1, S. 64.
15 Manichäische Handschriften aus den staatlichen Museen Berlin. Kephalaia. Bd. I (erste Hälfte). Stuttgart 1940.
16 Siehe Anm. 1, S. 17.
17 Siehe Anm. 1, S. 33.
18 Siehe Anm. 1, S. 73/74.
18a Siehe Vorwort Anm. 9.
19 Siehe Anm. 1, S. 68.
20 Siehe Anm. 1, S. 97.
21 Rudolf Steiner, Welche Bedeutung hat die okkulte Entwicklung des Menschen für seine Hüllen und sein Selbst? Vortrag vom 26.3.1913. GA 145, 4. Aufl. Dornach 1976.

In dieser Vortragsreihe schildert, nach der Paradiesesimagination, Rudolf Steiner die Gralsimagination, von der er hier zweimal sagt, daß Chrestien de Troyes sie am besten bewahre. Erkenntnis und Gralsnahrung, Gralsnahrung und Frage verschmelzen hier in eins. Und das Vollmenschliche dabei: Alles ruht auf physiologischer Grundlage, wie folgende Auszüge zeigen sollen: «Diese eine Erkenntnis ist, daß man beobachten kann, was da alles heraufströmen darf nach den edelsten Teilen des Gehirnes ... Von diesem edelsten Teil des Gehirnes sondert der Ätherleib alles aus, was aus dem Pflanzen- oder Tierreich kommt ... der edelste Teil des Gehirns muß von dem schönsten Zusammenfluß von Sinnesempfindungen und dem edelsten, gereinigten mineralischen Extrakt genährt werden ... Das Edelste des Lichtes, das Edelste des Tones, das Edelste der Wärme berührt sich hier mit den edelsten mineralischen Produkten des mineralischen Reiches; denn von der Verbindung der edelsten Sinneseindrücke mit den edelsten mineralischen Produkten nährt sich der edelste Teil des menschlichen Gehirnes ... Und die Sage von dem Heiligen Gral kündet uns von jener Wunderspeise, die zubereitet ist aus den feinsten Wirkungen der Sinneseindrücke und aus den feinsten Wirkungen der mineralischen Extrakte, die dazu berufen sind, den edelsten Teil des Menschen zu ernähren sein Leben hindurch, wie er es physisch zubringt auf der Erde ... Diese Himmelsspeise ist das, was in dem Heiligen Gral drinnen ist ... Dieses wirklich tief genug empfindend, läßt einen tatsächlich diesen edelsten Teil im menschlichen Organismus erscheinen wie den vervielfältigten Heiligen Gral.»

Was Rudolf Steiner im Haager Zyklus so beschreibt, kann von einem medizinischen Aspekt aus ergänzt werden (11. und 12. April 1921, «Geisteswissenschaftliche Gesichtspunkte zur Therapie» GA 313, 3. Aufl. 1963). Im Haupte allein sind, außer daß es die «Abdrücke» der höheren Wesensglieder enthält, rein physische Prozesse lokalisiert im Hinterhaupt. Diese Prozesse zeigen den Menschen mit der mineralischen Welt verwandt, wo sie im Kieselgebirge (Entvitalisierungsprozeß) und im Kalkgebirge (Entanimalisierungsprozeß) zur Ruhe gekommen sind. Außerdem ist, im Wässerigen abgedrückt, der Ätherleib des Hauptes da, lokalisiert im Vorderkopf. Der ist durchlässig für den äußeren Lichtäther und Wärmeäther, beides auf eine verinnerlichende Weise, wenig nur für den Klang- und Lebensäther. Diese nämlich nimmt der Mensch als Angehöriger des Erdorganismus von unten und innen her auf. – Was bedeutet dies? Der Mineralprozeß hat zwar Todestendenz, das heißt, er tendiert im Übergreifen auf den ganzen Menschen zum natürlichen Tode, ist aber, in seinen Grenzen gehalten (wozu der Ätherleib beiträgt), notwendig zum Ich-Erlebnis: *Ich – Tod.*

In der feinen homöopathischen Dosierung im Hinterhaupt ist der physische Prozeß an sich der Ernährungsprozeß des Hauptes, der dann auf den Ätherleib zurückwirkt: *Physischer Leib – Ernährung.*

22 Walter Johannes Stein, Was ist der Westen dem Osten schuldig? Orient-Occident-Verlag, Stuttgart 1932.

Trevrizent

1 Rudolf Steiner, Die Geheimwissenschaft, S. 406f, ferner S. 413. Siehe Einführung, Anm. 2.

2 Albert Steffen, Krisis, Katharsis und Therapie im Geistesleben der Gegenwart. 2. Aufl. Dornach 1980.

3 Rudolf Steiner im Vortrag Parzival und Lohengrin vom 3.12.1905 in Köln. Noch nicht in GA. Abgedruckt in «Die Menschenschule», Jg. 52 (1958), H. 5/6.

4 J.W. Goethe, Schriften zur Literatur. Artemis-Gedenkausgabe, Zürich-Stuttgart 1948ff. S. 14'697.

5 Zu finden in: Alte und neue Einweihungsmethoden. GA 210. Dornach 1967.

6 Bodo Mergell, Wolfram und der Gral in neuem Licht. Euphorion, Zeitschrift für Literaturgeschichte. 47. Band, 3./4. Heft. Heidelberg 1953.
Die Motive, die Bodo Mergell in der Gralsdichtung erkennt, bedürfen keiner Interpretation mit anthroposophischen Begriffen, sondern lediglich einer Auffüllung mit dem ihnen zukommenden anthroposophischen Leben. Denn sie stehen im Bereich der christlichen Existenz. Die Berührung mit der christlichen Existenzsphäre ergibt sich durch die Gralsüberzeugung dieses Forschers.

7 Rudolf Steiner, Perspektiven der Menschheitsentwickelung. Vortrag vom 16. April 1921. (GA 204. Dornach 1979): «Die unsichtbare Kirche, die übersinnliche Kirche, die doch aber auf Erden zu finden ist, das war es, was sich mit dem Mysterium des Grals enthüllte.»

8 Hierher gehört die sonst unverständliche Stelle bei Robert de Boron, wo dem

sich schon exkarnierenden Joseph von Arimathia vom Engel gesagt wird: «Du selbst würdest ihn (den leeren Sitz) einnehmen, wenn du die Erinnerung an deinen Tod berichten würdest». Siehe Vorwort, Anm. 4, S. 64. Vgl. dazu Kap. 14.

9 Rudolf Steiner, Das Geheimnis der Trinität. Vortrag vom 23.7.1922. GA 214. 2. Aufl. Dornach 1980.

10 Rudolf Steiner, Geistige Zusammenhänge in der Gestaltung des menschlichen Organismus. GA 218, 2. Aufl. Dornach 1976.

11 Siehe: W. J. Stein, Weltgeschichte im Lichte des heiligen Gral, 3. Aufl., Stuttgart 1979. S. 6f.

12 Siehe Anm. 7. Wolfram war des Schreibens unkundig und bediente sich für sein Gedicht eines Schreibers.

13 Siehe Anm. 3.

14 Rudolf Steiner, Die Grundimpulse des weltgeschichtlichen Werdens der Menschheit. GA 216. 2. Aufl. Dornach 1965.

15 Rudolf Steiner, Die Sendung Michaels. GA 194. 3. Aufl. Dornach 1983.

16 Friedrich Behrmann hat in einem Aufsatz «Das paulinische Motiv in der Anthroposophischen Gesellschaft» (Das Goetheanum, 34. Jg. 1955, Nr. 26) auf den Zusammenhang des Apostels Paulus mit der Gralsströmung und dieser mit der Anthroposophischen Gesellschaft hingewiesen. Wir fügen nur zu unserer Stelle hinzu Römer 13, 11-12, in der Übersetzung von Emil Bock: «Das sagen wir, weil wir das drängende Geheimnis der Zeit kennen. Die Stunde ist da, vom Schlafe zu erwachen. Schon ist das Heil näher an uns herangekommen, als es uns in den Anfängen unseres Glaubens war. Die Nacht geht zu Ende, der Tag bricht an! So laßt uns denn die Werke der Finsternis abstreifen und die Waffen des Lichtes anlegen.»

17 Siehe Vorwort, Anm. 10.

18 Vgl. Anm. 15.

19 Rudolf Steiner, Anthroposophie als Kosmosophie. GA 207. Dornach 1972. 2. Aufl., Dornach 1981.

20 Siehe Anm. 10.

Am 9. Oktober 1922 («Geistige Zusammenhänge in der Gestaltung des menschlichen Organismus» GA 218), aber auch am 5. November 1922 im selben Band, ferner am 24. März 1922 («Das Sonnenmysterium und das Mysterium von Tod und Auferstehung», GA 211) schildert Rudolf Steiner die drei Stadien des Nachtschlafes und deren Nachwirkungen während des Tagwachens. Aus dem ersten Stadium des «leisen Schlafes», das im Unbestimmten durchlebt wird, stammt am Tage neben der erzielten körperlichen Erfrischung ein gesundes, auch zum Denken stimmendes Seinsgefühl. Das zweite Stadium des «tieferen Schlafes» mit dem in ihm enthaltenen Planetenerlebnis bewirkt am Tage eine Stärkung desjenigen Seelischen, das im Atmungs-, im Zirkulationsleben steckt, zu dem auch die Kombinations-, die Weisheits-, die Klugheitskräfte gehören. Das dritte Stadium des «Tiefschlafes», enthaltend das Fixsternerlebnis, beschert der Seele, die zu alledem aus dem Tage heraus die richtige Hingabe mitbringt, eine solche Umwandlungskraft für die Nahrungsmittel, daß diese «in das Gehirn so kommen, daß sie uns befähigen ..., Initiativkräfte zu entwickeln» (9. Oktober 1922). Dieser

Prozeß wird durch das richtig absolvierte Tiefschlaferlebnis angefeuert. Noch mehr vom Gesichtspunkt der Mysterien aus schildert Rudolf Steiner die Durchdringung jener Schlafzustände mit dem schauenden Bewußtsein am 30. August 1922 in London (11. Vortrag in «Das Geheimnis der Trinität». GA 214, 2. Aufl. Dornach 1980).
Er geht hier davon aus, daß sich in der Tatsache des Schlafes eine rhythmische Beziehung zwischen Himmel und Erde durch den Menschen offenbart. Wie im Wachsein ein Erdenzusammenhang des Menschen durch die Sinne, die Atmung und die Ernährung besteht, so im Schlafen eine gewisse Verbindung mit dem gesamten Kosmos. Aus der umfassenden Beschreibung, die hier zu weit führen würde, seien nur einige Motive hervorgehoben, die sich auf die zwei oder eigentlich drei Sphären des kosmischen Erlebens beziehen. In der ersten Sphäre des Nachterlebens wird die Verbindung mit den Kräften der Planeten durch die Erlebnisse der Ängstlichkeit vor dem Aufgelöstwerden und der Hingabe an das Göttliche vorbereitet. Eben diese Hingabe aber ist es, welche, zurückgebracht in den physischen Leib und Ätherleib (ins Wachen) durch das *Herzauge* (im astralischen Organismus), da, vermittels eines Abbildes der Planetenbewegung im Ätherleibe, die richtige Ätherisierung der Nahrungsstoffe bewirkt. – Die zweite Sphäre des Nachterlebens der Menschenseele ist gekennzeichnet durch die Wahrnehmung der Kräfte des Tierkreises oberhalb und unterhalb der Erde; da wird die Erkenntnis, durch das *Sonnenauge* (astralisches Organ des Sonnengeflechts und der Gliedmaßen), vermittelt, daß der Christus als Führer durch den Tierkreis auftritt, es werden Karmawahrnehmung und Kraft zum Tagesleben gewonnen. – Zuletzt wird in der Mondensphäre zugleich daraus mit der Annäherung an das Aufwachen der Niederstieg der Geistseele durch Tod und Geburt erlebt und, vermittels eines spirituellen *Menschenauges* (das dem ganzen Menschen zugeteilt ist), das Erleben des Zusammenhanges mit der ganzen übrigen Menschheit zur Erkenntnis erhoben.

21 Rudolf Steiner, Das Sonnenmysterium und das Mysterium von Tod und Auferstehung. GA 211. Dornach 1963.

22 Rudolf Steiner, siehe Anm. 10, Vortrag vom 5. November 1922.

23 Siehe Anm. 5.

24 W.J. Stein, Weltgeschichte im Lichte des heiligen Gral. Siehe Anm. 11.

25 Siehe Anm. 14.

26 Vortrag über Parzival und Lohengrin. Siehe Anm. 3.
Die Taufworte bei Wolfram (P XVI 817, 11-30) sind geheimnisvoll. Da wird das *Wasser* in *siebenfacher* Hinsicht angesprochen und dazu mit der Trinität in Beziehung gesetzt. Wir haben hier eine Taufe auf den Gral. Warum eine Taufhandlung?
Der Individualimpuls, den Parzival setzte, muß in eine neue Gemeinschaft auslaufen, eine Gemeinschaft, welche die alte, noch auf der Gruppenseele der Menschheit beruhende Gralsgemeinschaft, mit Aufrechterhaltung des Individualimpulses, ablösen kann. Parzivals eigene soziale Tat ist es, daß er seinen Bruder (Halbbruder) Feirefis, der nicht fähig ist, den Gral zu schauen, in den Gralstempel mitnimmt. Das wäre früher nicht möglich gewesen, da waltet geistige Morgendämmerung. Daß der Gral Versammlungsort *aller* Men-

schenseelen im Schlafzustande ist, kommt gerade bei Feirefis noch zum Ausdruck. Er «schläft» für den Gral. Nur christliche Tageserkenntnis kann dem Schläfer das Herzensauge aufschließen. Die Taufe auf den Gral scheint in dem zu bestehen, was Rudolf Steiner «die Ätherisation des Blutes» nennt (siehe seinen Vortrag vom 1. Oktober 1911 in GA 130). Wolfram beschreibt die Handlung so, daß der Taufnapf *(toufnapf)* gegen den Gral geneigt wurde, worauf er sich sogleich mit Wasser «nicht zu warm, noch zu kalt», mithin in Körpertemperatur, füllte. Das Taufwasser ist nur Symbol für die Ätherströmung vom Herzen zum Gehirn (*wazzer s'herzen ursprinc* heißt es auch einmal von der Träne). Daher wird es auch vom Gral gespendet.

Einweihung also durch die Gralskräfte in die Gralserkenntnis, vermittelt durch eine individuell vollzogene Handlung, welche Gemeinschaft stiftet. Hinter dem vollziehenden Priester waltet die Geistgestalt des *Titurel*, welcher die Möglichkeit der Gralserkenntnis auf die Erde brachte und im Fall des Feirefis zur Taufe riet. Aber ohne Parzivals Freiheitsimpuls wirkten die Gralskräfte nicht universell und individuell zugleich.

Die sieben Attribute dieses Wassers sind (*P* XVI, 817, 20ff):

In der dreien Namen wehret euch
Dieses Wasser Heidenschaft
Durch der Dreieinigkeit Kraft.
Die Tauf' im Wasser mied er nicht,
Der Adam lieh sein Angesicht.
Vom Wasser kommt der Bäume Saft,
Befruchtend gibt das Wasser Kraft
Aller Kreatur der Welt.
Vom Wasser wird das Aug' erhellt,
Wasser gibt mancher Seele Schein,
Daß kein Engel lichter möchte sein.

1. Es tauft kraft des dreigegliederten Weltalls;
2. es verband im Jordan Gott mit dem Menschen;
3. zirkuliert in den Bäumen;
4. schafft in den Früchten;
5. belebt den Sehsinn;
6. verwandelt das Denken;
7. ist das Kleid der Engel.

In dreifacher Funktion erscheint der *Äther*, dessen Attribut das Taufwasser ist, als Quelle trinitarischer Kraft:
1. und 2. als Liebesquelle,
3. und 4. als Lebensquelle,
5., 6. und 7. als Lichtquelle.

Somit birgt der Gral das Geheimnis der «Christus-Sonne», hörbar und schaubar für denjenigen, der sein Herz mit «der Zeiten Wende» durchdringt, und bildet den «Grundstein» von Weihnachten 1923 vor.

27 Siehe Anm. 15.

28 Siehe Anm. 3.

29 Rudolf Steiner, Die Mysterien des Morgenlandes und des Christentums. GA 144. 3. Aufl. Dornach 1960. In den mehrfach erwähnten Vorträgen «Geistige Zusammenhänge in der Gestaltung des menschlichen Organismus» (GA 218) sieht Rudolf Steiner die drei vom mittelalterlichen Einweihungsschüler nachzuerlebenden Bewußtseinsstufen *tumpheit*, *zwifel* und *saelde* in Zusammenhang mit Organtätigkeiten. Die Dumpfheit schreibt er einer Schwere zu, die von der Nierentätigkeit kommt. Der Zweifel ist «das Durchrütteltwerden mit dem Herz-Lungensystem». Die Saelde aber stützt sich auf die Leber. «Und da empfand man dieses Durchsetzen mit Galle von der physischen Seite her,

das aber verbunden war mit einer ‹Durch-Saeldeung›, als eine Erlösung, eine innerliche Erlösung – ein innerliches, aber gotterfülltes Glücksgefühl, ein Hinwegstreben von dem Dumpfen der Niere.» So im Vortrag vom 22. Oktober 1922. Es sei überhaupt im 12., 13., 14. Jahrhundert ein Übergang des menschlichen Bewußtseins von der Nieren- zur Lebertätigkeit geschehen.

30 Siehe Anm. 19.

32 Siehe: Ernst Uehli, Eine neue Gralsuche, Stuttgart 1921, S. 241/42.

33 Rudolf Steiner, Das Wesen des Musikalischen und das Tonerlebnis im Menschen. Vortrag vom 12.11.1906 in Berlin. GA 283. 3. Aufl. Dornach 1981.

34 Rudolf Steiner, Das Geheimnis des Todes. Vortrag vom 18.5.1905 in Linz. GA 159/160. 2. Aufl. Dornach 1980.

35 W. J. Stein, Weltgeschichte im Lichte des Heiligen Gral, S. 8. Siehe Anm. 11.

36 Albert Steffen, Frührot der Mysteriendichtung, Kap. «Über die Adonis-Feiern der alten Griechen» und «Über das Wesen der Tragödie und Komödie». Dornach 1940.

37 Albert Steffen, Gedicht «Ostern», in: Am Kreuzweg des Schicksals. Dornach 1952, S. 90.

38 Chrestiens de Troyes, Perceval, Kap. 17. Siehe *Vorwort* Anm. 5.

39 Rudolf Meyer, Zum Raum wird hier die Zeit. Siehe *Einführung*, Anm. 8.

40 Die Kosmologie der «Geheimwissenschaft» ist «Sternenschrift in neuer Gestalt gelesen» (1. und 2. Januar 1914 «Christus und die geistige Welt», GA 149). Rudolf Steiner spricht da auch von den Sibyllen (vgl. Kap. 39 und 46). Die Sibyllenkräfte – Wahrnehmung der Gestirnwirkungen in den Elementen – waren gut im dritten nachatlantischen Zeitraum der Empfindungsseele, sie sind untergetaucht im vierten Zeitraum der Verstandesseele, wo sie vor dieser unberechtigt wurden, um durchchristet wieder heraufzukommen im fünften Zeitraum der Bewußtseinsseele. – So wird ja auch gesagt, daß der Gral wieder «heraufstieg» aus dem, was im alten Ägypten untergetaucht war («Die Mysterien des Morgenlandes und des Christentums», Vortrag vom 6.2.1913, GA 144).

Die durchchristeten Sibyllenkräfte stehen bereits Parzival zur Verfügung als unberührte, reine, geschichtsbildende Seelenkräfte, die aber mitwirken müssen, wenn in der Seele die Erkenntnis vom Gral entstehen soll. – Ähnlich war es bei Kepler, daß durchchristete Sibyllenkraft in ihm waltete, als er die Erdseele erforschte (in der Weltharmonik).

41 In: Anthroposophie als Kosmosophie, II. Teil. GA 208. 2. Aufl. Dornach 1983.

42 Rudolf Steiner spricht in seinem Vortrag vom 16. April 1921 (GA 204) von einzelnen europäischen Weisen, die sich im frühen Mittelalter über das Gros der Bevölkerung erhoben. «Und ihnen stieg so etwas auf, wie die bedeutsame Imagination: In dem Brote des Abendmahles war etwas vorhanden wie eine Synthesis, wie eine Zusammenfassung der Kraft des äußeren Kosmos, der mit alledem, was aus dem Kosmos an Kräfteströmung herunterkommt auf die Erde, diese Erde durchdringt, aus dieser Erde hervorzaubert die Vegetation; dann wird dasjenige, was da aus dem Kosmos der Erde anvertraut wird, was dann aus der Erde hervorquillt, zusammengefaßt synthetisch im *Brote* und

konstituiert den menschlichen Leib.» Dann fährt er fort: «So wie uns eine lebendige Astronomie zeigen wird einen Himmel, einen Kosmos, der wirklich von jener Geistigkeit durchdrungen ist, aus der der Christus heruntersteigen kann, so wird uns die verlebendigte Medizin den Menschen wieder vorführen, daß wir ihn ergreifen mit unserem Wissen, mit unserem Erkennen bis in sein Geheimnis des *Blutes* hinein, bis in diejenige organische innere Sphäre, wo sich die Kräfte des ätherischen, des astralischen Leibes, des Ichs umwandeln in das physische Blut.» – Sodaß wir im Blute wiederum eine Synthese aller menschlichen Wesensglieder haben.

Der Regsamkeit des Lesers möge es anheimgestellt sein, die Verbindungslinie zwischen den in der Einführung, Kap. 1, genannten Begriffen «Wesen» und «Namen» des Grals und dem jetzt in den Vordergrund gestellten Begriffspaar «Brot» und «Blut» zu ziehen. In den beiden Aspekten eines Welt-Geheimnisses und eines Ich-Geheimnisses liegt da wie dort die Unterscheidung.

43 In: Entsprechungen zwischen Mikrokosmos und Makrokosmos. GA 201. Dornach 1958.

Hier bewahrheitet sich ganz besonders die Bemerkung, die im Kapitel 7 auf Grund der Darstellung in der «Geheimwissenschaft» gemacht wurde, daß nämlich die Gralsfähigkeit des Menschen schon von den Vorgängen bei der Entstehung der Erde her in der Menschheit veranlagt wurde. Ja, sie reicht noch weiter bis in die Vorstufen der Erde zurück.

Rudolf Steiner sagt am 17. April 1921 (in GA 204): «Hinschauen müssen wir auf Saturn, Sonne und Mond, welche schon durchtätigt waren von der Menschenwesenheit, hinschauen müssen wir, wie die jetzige Gestaltung der Menschenwesenheit aus der Gestaltung der früheren Metamorphosen des Erdenplaneten entstanden ist, wie da schon die menschliche Gestaltung ebenfalls in früher Phase tätig war. Den Menschen müssen wir erkennen in der Welt, und aus dieser Erkenntnis des Menschen in der Welt wird auch wiederum ein Verständnis hervorquellen können des Mysteriums von Golgatha. Die Menschen müssen lernen zu verstehen, warum eine unwegsame Gegend um die Gralsburg herum ist, warum der Weg zwischen der Geburt und dem Tode unwegsam ist ... dann werden sie in dieses bisher unwegsame Leben zwischen der Geburt und dem Tode etwas hineinbringen, was durch die eigene Seelenarbeit des Menschen entsteht.»

45 Der Sturz des Antichrist. 3. Aufl. Dornach 1977.

46 Alexanders Wandlung. Dornach 2. Aufl. 1953.

47 Rudolf Steiner, Welche Bedeutung hat die okkulte Entwickelung des Menschen für seine Hüllen und sein Selbst? Vortrag vom 26. März 1913. GA 145, 4. Aufl. Dornach 1976.

48 Siehe Anm. 29. Vortrag vom 6. Februar 1913.

49 Siehe Anm. 12.

50 Siehe: Rinaldo Küfferle, «Vergil und die Reinkarnationsidee», in «Das Goetheanum», Jg. 33, Nr. 32, 1958.

51 Rudolf Steiner, Das Initiatenbewußtsein. Betr. Kupfer und Venus siehe Vorträge III, IV, V, X. GA 243. 4. Aufl. Dornach 1983.

52 Siehe Friedrich Hiebel, Die Lanze des Longinus. In: 33. Jg. 1954, Nr. 46, 47.

53 Rudolf Steiner, Esoterische Betrachtungen karmischer Zusammenhänge. Vortrag vom 18. September 1924. GA 238. 5. Aufl. Dornach 1981.
54 GA 13. 26. Aufl. 1977 Dornach 1977. Siehe auch Kap. *Einführung*.
55 Rudolf Steiner, Geschichtliche Notwendigkeit und Freiheit – Schicksalseinwirkungen aus der Welt der Toten. GA 179. 3. Aufl. Dornach 1977.

Titurel

1 Bavaria Sancta, Zeugen christlichen Glaubens in Bayern. Beitrag von Schweiger.
1a Heinrich Meise; genannt Frauenlob, weil er das Wort «Frau» gegen das Wort «Weib» verteidigte (1270–1318). Er wurde vergiftet und starb in Mainz, wo er im Dom begraben wurde. Frauenlob feierte Berthold in mehreren Gedichten. Siehe Anm. 1.
2 Werner Wolf, Wer war der Dichter des Jüngeren Titurel? In: Zeitschrift für deutsches Altertum, Bd. 84, S. 309–46. Wiesbaden 1952.
3 Kürschners Deutsche Nationalliteratur, Höfische Epik, 2. Teil: bearbeitet von Paul Piper, S. 463–65. Stuttgart 1873.
4 Die Erwähnung des Stammlandes Kappadozien ist interessant, weil in dieser kleinasiatischen Landschaft im ersten nachchristlichen Jahrtausend viele christliche Gemeinden und Klöster blühten. Siehe: Ludwig Budde, Göreme, Höhlenkirchen in Kappadokien. Düsseldorf 1958.
5 Siehe Kap. Joseph von Arimathia, Anm. 21.
6 In: Die Grundimpulse des weltgeschichtlichen Werdens der Menschheit. Siehe *Trevrizent*, Anm. 14. – Im ausführlicheren Wortlaut: «... wie diese Strömung in Asien drüben Schulen begründet, die den alten griechischen Philosophen Aristoteles studieren, die dort mit Hilfe der griechischen Begriffe des Aristoteles das Ereignis von Golgatha verstehen wollten. Wir sehen, wie aus der europäischen Zivilisation heraus später in einer Dichtung wie im «Parsifal» versucht wird, in bildhafte Worte zu fassen, was in dieser Strömung lebte.» (R. Steiner, ebenda).
Der Wortlaut dieser wichtigen Stelle berechtigt uns, die Verbindungslinie von Aristoteles zum Brackenseil zu ziehen, welches bereits Wolfram in seinem Titurelfragment schilderte.
7 Rudolf Meyer, Der Gral und seine Hüter. *Einführung*, Anm. 8.
8 Friedrich Hiebel, Die Botschaft von Hellas. 4. Aufl. Stuttgart 1983.
8a Siehe zu dieser Frage: Günther Schubert, Die Kategorien des Aristoteles, Beiträge zur Rudolf Steiner Gesamtausgabe, Nr. 29, Dornach 1970.
8b Siehe: Rudolf Grosse, Das Wesen Anthroposophie. Wege zum Ursprungsquell der Menschheitsführung. Dornach 1982.
9 Rudolf Steiner, Geschichtliche Symptomatologie. GA 185. 2. Aufl. Dornach 1962.
10 Siehe Vortrag Rudolf Steiners vom 3.12.1905 in Köln. Sowie: W. J. Stein, England als Keimzelle für die Gründung von Handelsstädten – Der Ursprung der Lohengrin-Sage ... Manuskriptdruck o. J.

11 Man möge das zur Feierlichkeit gesteigerte Selbstbewußte dieses Dichters, der sich von seinen Zuhörern verabschiedet, verstehen und auch das Bekenntnis zu seiner deutschen Sprache. Die deutsche Sprache hatte erst noch vor kurzem diejenige Lautverschiebung durchgemacht, die von k zu ch, von p zu pf, von t zu z führte, zu Hauchlauten (Aspiratae), welche dem Ausdruck spiritueller Dinge von sich aus entgegenkommen. Das fühlten die Gralsverkündiger mit ihren «süß-reifen Stimmen» (Rudolf Steiner) durchaus. – Außerdem enthält diese Schlußstrophe die ganze weltpädagogische Absicht der Gralssage wie in Reinkultur. Sie kann sich jener anderen Schlußstrophe an die Seite stellen, die Werner Wolf mitteilt (siehe Kap. 52) und in welcher sich Albrecht, so wie Wolfram, auf Kyot und Flegetanis beruft. Kyot war ja derjenige, welcher die Schrift des Flegetanis fand, der den Gral in den Sternen gelesen hatte, und welcher (das war seine vorzügliche Bedeutung) diejenigen Menschen ausfindig machte, die schicksalsmäßig mit dem Gral (in der Märe: das Gralsgeschlecht) verbunden sind.
Nun findet im ferneren dieser Kyot, daß Chrestien de Troyes dieser Märe vom Gral nicht gerecht worden sei, wobei der Dichter Wolfram das Wort «maere» (wir haben es mit griechisch MOIRA gleichgesetzt, *Parzival*. Anm. 39) zweimal hervorhebt:

Ob von Troys meister Christjân
disem maere hât unrecht getân,
daz mac wol zürnen Kyot,
der uns diu rehten maere enbôt.
(P XVI 827, 1-4)

Dieses Urteil Kyots über Chrestien kann sich nur auf etwas beziehen, worüber ihm, Kyot, ein fachmännisches Urteil zusteht. Er ist nach Wolfram kompetent in bestimmten Fragen der Gralspädagogik. Er hat zu beurteilen, wann der richtige Zeitpunkt herangekommen ist, um über den Gral zu sprechen. Er legt dem Sänger des Gral ein Schweigegebot über den Gral auf, solange die Gedanken der Zuhörer nicht genügend darauf vorbereitet sind. Er macht ihm die sachgemäße Vorbereitung des Gemütes zur Pflicht und kennt die Zusammenhänge, in denen der Gedanke mit dem Gral verbunden werden darf. Die *Frage* nach dem Gral ist stets pädagogisches Ziel von Seiten des Gralslehrers und schöpferisches Ereignis von Seiten der Zuhörer. Aber diese muß aus echter Fragenot und zur rechten Zeit gestellt sein. Wir haben gesehen, was rechte Zeit, von der inneren Entwicklung her gesehen, bedeutet.
Er, Kyot, räumt Wolfram nicht nur das Recht ein, aus bloßer Neugier geborene Fragen nach dem Gral zurückzuweisen und auf sie die Antwort zu verweigern, sondern er macht es umgekehrt zur Pflicht, die Märe vom Gral dann vorzutragen, wenn sie durch den Gang der Erzählung selbst gefordert wird. Das ist dann ihr Aufruf durch die Aventüre, durch den richtig verstandenen Advent. Jetzt ist es ein Muß, vom Gral diejenigen Auskünfte zu geben, die der gedankenhaft gestimmten Seele (in der Nachwirkung des ersten Stadiums des Nachtschlafes, siehe *Trevrizent*, Anm. 20) die richtige Wegleitung zu ihrer Vertiefung bereiten können. Würde der Dichter an dieser Stelle die Gedanken seiner Hörer nicht genügend ergreifen und mit

Inhalt erfüllen, dann hätte er seinem höheren Auftrag nicht genügt, er hätte «der Märe Unrecht getan».

Man sieht daraus, daß es sich beim Verbreiten der Gralswahrheiten um ein echtes Abtasten des Schicksals (MOIRA), um ein fachkundiges Schicksalswirken handelt. Eine solche Fähigkeit nimmt der Dichter Wolfram für sich in Anspruch, indem er ausklingend sagt:

Von Provenz in tiutschiu lant
diu rehten maere uns sint gesant,
und dirre âventiur endes zil.
nicht mêr dâ von nu sprechen wil
ich Wolfram von Eschenbach,
wan als dort der meister sprach.

(P XVI 827, 9-14)

Man wird von diesem Gedankengang her eine gewisse Dürftigkeit der Gralsaussage Chrestiens von Troyes nicht verkennen. Er erweckt zwar frommes Erstaunen im höchsten Maß, aber er regt die Frage nach dem Gral nicht erschöpfend genug an. Daher die Unergiebigkeit seines Einsiedlergespräches für die Wissenschaft vom Gral.

Bei Chrestien leuchtet der Gral, alle anderen Lichter überstrahlend, von dem man wissen kann, daß er sich sowohl in ihnen als auch in den Menschen vervielfältigt. Bei Wolfram leuchtet nicht der Gral, sondern die ihn trägt, Repanse, vermöge ihrer schicksalsmäßigen Gralszugehörigkeit. Das ist der Geist des Kyot. Und der Gral leuchtet in der Himmelsschrift auf. Das ist der Einfluß des Flegetanis. Ernst Uehlis Formulierung «Stein des Lichts» hat an Wolfram eine Stütze. Und der Stein leuchtet nicht nur, er ist eine Kraft, Menschenkraft, im Gedankenlicht erglänzende Kraft. Das kann dann bis zum Grundstein der Weihnachtstagung 1923 in Dornach, diesem der Gegenwart noch kaum vertrauten Ereignis, führen.

12 Heinrich Frauenlob; siehe Kap. *Titurel*, Anm. 1a. Das Zitat aus: Matthias Lexer, Mittelhochdeutsches Handwörterbuch. Stuttgart 1964–65.

13 Rudolf Steiner, Linzer Aphorismen. Notizen nach einem am 31. Mai 1911 in Linz gehaltenen Vortrag. Mit Erläuterung von Heinrich Teutschmann. Privatdruck der Anthroposophischen Gesellschaft in Linz, 1981. – Dazu: Heinrich Teutschmann, Rudolf Steiner in Linz, 1981.